Strade blu

Mario Calabresi

IL TEMPO DEL BOSCO

MONDADORI

Dello stesso autore
in edizione Mondadori

Spingendo la notte più in là
La fortuna non esiste
Cosa tiene accese le stelle
Non temete per noi, la nostra vita sarà meravigliosa
La mattina dopo
Quello che non ti dicono
Una volta sola
A occhi aperti

mondadori.it

Il tempo del bosco
di Mario Calabresi
Collezione Strade blu

ISBN 978-88-04-75916-4

I edizione settembre 2024

Anno 2024 - Ristampa 1 2 3 4 5 6 7

Indice

Il tempo del bosco

A mia figlia Irene,
che ha una contagiosa fame di vita
e vuole sempre capire il perché di ogni cosa

Vivevo nel presente, che era
quella parte del futuro che potevi vedere.
Il passato fluttuava sopra la mia testa,
come il sole e la luna, visibili ma mai raggiungibili.

LOUISE GLÜCK, *Paesaggio**

* In *Averno*, trad. it. di Massimo Bacigalupo, Napoli-Orihuela, Libreria Dante & Descartes - Editorial Parténope, 2019.

I
L'ansia

Di quel pomeriggio di fine inverno ricordo la luce, quella che ti segnala che sta arrivando la primavera, che le giornate si allungano. Sono appena uscito da un'aula della facoltà di medicina dove si è discusso dell'importanza del tempo, di come sia necessario rallentare per capire meglio le cose. Ho la testa piena di pensieri: medici e ricercatori hanno dato sostanza al malessere che percepisco da un po', da quando tutto è accelerato, da quando decidere è diventato più importante di capire. Io ho raccontato quello che so: come ho visto tutto questo accadere dentro l'informazione, con la dittatura dell'istante e del tempo reale.

Mentre esco in cortile sorrido, vedendo la luce e pensando a quanto siano potenti ma fuori moda i concetti che ho ascoltato. Per tutta la giornata medici, neuroscienziati, filosofi e storici non hanno soltanto riabilitato il sonno, la noia e il tempo vuoto, ma hanno spiegato che solo rallentando possiamo capire le cose, viverle, farle nostre.

Mi si avvicina una ragazza, mi fa un segno con la

mano per richiamare la mia attenzione e poi dice che vorrebbe chiedermi una cosa. Studia medicina e sta per laurearsi. Ha la faccia preoccupata, anche lei ha ascoltato quei discorsi, ma non sembrano averla rasserenata, anzi. Parla a voce molto bassa e mette in fila il racconto della sua vita in modo schematico: «Sono in pari con gli esami, ho seguito tutta la pratica richiesta, ho migliorato il mio inglese, leggo tutti i libri che mi consigliano e non faccio mai nulla che non sia utile. Mi resta solo il tempo per dormire, che è sempre troppo poco. Ma tutto questo non basta. Non basta mai. Le mie compagne più brave fanno anche volontariato e sento dire che questo farà la differenza nel curriculum; fanno sport di gruppo e anche questo conta per tutti i discorsi sullo spirito di squadra. Ci consigliano di fare un'esperienza all'estero, magari in un ospedale africano, prima di finire la specializzazione. Altri suggeriscono con un sorriso: "Certo, sarebbe utile parlare un'altra lingua straniera oltre all'inglese". Ma come si fa? Come si può fare tutto e tenere insieme tutto? Io mi sento inadeguata e vedo che l'asticella è sempre più in alto. Troppo in alto».

Comincia a piangere silenziosamente. Volta le spalle alla porta da cui stanno uscendo molti suoi compagni di università, non ha voglia di farsi vedere.

Cerco un fazzolettino di carta, i suoi occhiali si sono appannati ma vedo le lacrime scendere sulle guance.

La sua ansia la riconosco perché l'ho vista spesso: è figlia della paura di non essere all'altezza delle aspettative e di non riuscire a seguire la strada «giusta». Si è diffusa la convinzione che esista un percorso esatto per le nostre vite, come se ci fosse un algoritmo che prevede tutto quello che si deve fare. Non è più permesso commettere errori o prendere strade diverse se si vuole restare nella partita. Di questo mi sembrano parlare le sue lacrime.

Vorrei dirle che la persona a cui sta chiedendo consiglio non si è mai laureata, che ha davanti agli occhi un esempio di imperfezione. Ma non voglio che il discorso si sposti su di me e ho anche un po' di pudore a confidarle le mie mancanze.

Allora cerco di rassicurarla, le dico una cosa che mi ripeto spesso: la vita è una maratona, non sono i cento metri, non la puoi misurare ogni giorno. La cosa più importante è riuscire ad avere idea della direzione. Le spiego che ogni volta che incontro qualcuno che ha vissuto tanto mi faccio raccontare il suo percorso e scopro che non è mai lineare, ma pieno di inciampi, curve e sorprese: «Vai a parlare con i tuoi nonni e vedrai che le loro vite assomigliano a una camminata in montagna, che si è dovuta adattare al terreno, o alla rotta di una barca a vela, che procede a zig-zag se il vento soffia contro. Non scoraggiarti se tutto non è dritto e non è preciso come ti dicono».

Non riesco ad aggiungere altro e avverto che il suo malessere mi parla di qualcosa di più grande: quest'ansia è la cifra del nostro tempo. Lo sento nei discorsi delle mie figlie, lo vedo nelle chat delle loro classi che continuano senza interruzione anche di notte, me lo raccontano gli incontri che faccio ogni giorno e tutto quello che leggo.

Ha smesso di piangere, restiamo un po' in silenzio e lei mi guarda, ho la sensazione però che quelle domande siano ancora lì sospese: devo andare a fare un'esperienza all'estero? Devo studiare un'altra lingua? Devo fare volontariato? Mi sento in dovere di rassicurarla su una cosa: «Non si può fare tutto e non sentirti in colpa se non ce la fai. È più importante imparare a scegliere e avere coraggio di rinunciare a qualcosa, senza troppi rimpianti».

Sono grato a Marcello, il medico che mi ha invitato a parlare, ma soprattutto sono grato a questa ragazza, perché nessuno mi aveva mai fatto vedere così chiaramente il problema.

Le sue domande hanno acceso qualcosa nel mio cervello. Dopo quell'incontro è partita la fissazione, che è sempre il motore dei miei libri. Un tema mi ronza in testa e allora vado in giro cercando segni che possano indicare la direzione, persone da ascoltare, che con le loro vite possano dare qualche risposta a quella giovane donna di cui non conosco il nome. E a tutti noi.

II

La libertà

Li ha osservati per quarant'anni, ha dialogato con loro, ha cercato di insegnargli a pensare, a confrontarsi, a discutere, a mettersi in gioco. E ha visto l'ansia crescere, anno dopo anno. Allora ha cercato di capire, e le risposte le ha trovate non solo guardando i suoi studenti, ma esaminando i genitori, gli altri insegnanti e le aspettative della società.

Il mio osservatore è un professore di filosofia di scuola superiore. Un uomo speciale a cui è accaduta una cosa speciale.

La scena è questa: un lunghissimo corridoio di liceo, studentesse e studenti disposti lungo tutti e due i lati battono le mani e scandiscono un nome, quello del professore all'ultimo giorno di insegnamento prima della pensione. Lui passa in mezzo alle due ali di folla, ha una camicia bianca e uno zainetto sulle spalle, è commosso, batte le mani anche lui per ringraziarli, sembra accelerare il passo verso il portone attraverso il quale uscirà da una carriera durata quarant'anni. Ha insegnato la filosofia a migliaia di studenti, questi che lo salutano con un applauso infinito, che si porterà nella testa per sempre, sono solo gli ultimi. Ho guardato questa scena una decina di volte, in un breve video sul telefono, emozionandomi sempre. Per questo ho deciso di cercarlo. Se ti fanno un saluto così, vuol dire che hai costruito qualcosa di speciale, che non hai solo insegnato.

Il professore si chiama Enzo Novara e la scuola è il liceo classico Massimo D'Azeglio di Torino. Quando ci incontriamo è già nella sua nuova vita: quella di viaggiatore. La pensione che ha immaginato è un'apertura sul mondo fatta di viaggi su due ruote in giro per l'Italia. Ha una moto blu, è nuova e ha un nome: *Rain*, pioggia, che si è conquistata perché le prime tre volte che l'ha usata diluviava. Parcheggia, si toglie il casco e ancora si commuove a pensare al regalo che gli hanno fatto: «Uno si aspetta qualche piccolo gesto, qualche cosa che dia il senso di un commiato. Per esempio dei fiori. I fiori sono bellissimi. Li ho ricevuti una sola volta nell'arco di tanti anni di insegnamento: non si usa darli a un insegnante maschio, però una classe aveva osato. Ho tenuto uno dei fiori di quel mazzo, lasciandolo seccare. Ma questa volta non sapevo cosa aspettarmi. E poi è successo quello che è successo: una cosa assolutamente travolgente».

Gli studenti lo avevano trattenuto in classe anche dopo il suono della campanella, tutto il resto della scuola si stava disponendo lungo i corridoi che conducono verso l'uscita. «Un ragazzo mi ha chiesto: "È pronto professore?". E io ho pensato: "Ma pronto a che cosa?". Per un anno intero mi sono chiesto se fossi pronto ad andare in pensione. E ho cercato di prepararmi bene: ho vissuto cercando di godermi tutto, pensando che, ogni cosa che facevo, la facevo per l'ultima volta, ho provato a vivere il presente in modo assoluto. Ma non mi ero preparato al saluto dei ragazzi, questa è stata un'altra cosa.»

Il professor Novara ha sul suo telefono i vari video di quel giorno che gli hanno poi mandato gli studenti, ma fa fatica a guardarli, perché dopo pochi secondi si commuove. Prima di incontrarlo mi sono chiesto perché gli abbiano fatto questo regalo, e la risposta me l'ha data senza saperlo, quando mi ha detto che per quarant'anni si è svegliato contento di andare a scuola. «Non lo raccontavo neanche tanto in giro perché non ci credeva nessuno. Ma la verità è che si può essere molto felici a insegnare. E io per quarant'anni sono stato assolutamente felice.» Sono convinto che è a questo che gli studenti battevano le mani.

Gli racconto del mio incontro con la ragazza, e lui prova a mettere in fila quello che ha visto e capito. Enzo Novara è stato uno studente universitario degli anni Settanta, alla Statale di Milano: grandi professori, come Geymonat e Dal Pra, e grandi conflitti. «C'era tanta speranza di cambiare il mondo, ma non ho troppa nostalgia di quegli anni perché ricordo molta intolleranza alle idee altrui, molte durezze e scarso ascolto. E si sono compiute azioni estreme e radicali: ho avuto dei compagni di corso che hanno fatto scelte disperate, senza ritorno.»

Non ha rimpianti per la stagione dei conflitti, ma non crede che ci sia troppo da compiacersi se un adolescente è bravo, preciso, obbediente e non mette mai in discussione quello che gli viene detto. «Ai ragazzi non devi stare sempre a lisciargli il pelo: meglio creargli qualche problema o insinuargli dei dubbi. I ragazzi tra i 15 e i 18 sono nell'età più conflittuale e più produttiva che si possa immaginare, lasciamogliela vivere, accettiamolo. Hanno bisogno di opporsi e di differenziarsi rispetto a noi adulti. A me le classi vivaci sono sempre piaciute.»

Chissà che cosa penserebbe, ascoltandolo, la studentessa di medicina sopraffatta dal percorso perfetto e standardizzato cui dovrebbe uniformarsi e al quale, invece, sente di non riuscire ad arrivare. Chissà se ha mai pensato di ribellarsi. Chissà se immagina che, come sostiene il professor Novara, l'ansia si può trasformare in passione, passione per ciò che ci somiglia e ci risuona dentro.

«Da una decina di anni, osservando le mie classi, ho visto i ragazzi riaccendersi su tanti temi, primo fra tutti l'ambiente. Ma, insieme alle passioni e alle speranze, sono cresciute anche le ansie, e questo è legato alle tante incertezze di un mondo che è difficile da inquadrare, di un futuro che appare fluido e incerto. Se hai speranza, ma non riesci a immaginare il tuo futuro, allora vivi in uno stato di sospensione. Non sai bene che cosa ti capiterà, non riesci a vedere il progetto.»

Il mondo degli adulti, il mondo del passato, aveva binari molto chiari: «La mia generazione sapeva che i percorsi erano abbastanza predeterminati, tanto che potevamo permetterci il lusso di contestarli. Al limite potevi scegliere di usare il tuo titolo di studio in modo diverso, a un livello più o meno adeguato, ma avevi la certezza che a qualcosa sarebbe servito. Se avessi studiato legge, avresti fatto l'avvocato, il magistrato o il professore di diritto, e comunque un lavoro in quell'ambito lo trovavi. I ragazzi, oggi, su questo non possono più contare. Non ci sono automatismi. Non esistono più quei binari, ognuno deve tracciarsi la propria strada».

Ogni volta che parliamo del passato, il professor Novara ci tiene a non apparire nostalgico, mi dice che non ha mai voluto farlo in quarant'anni di lezioni. Meglio stare con i piedi piantati nel presente, solo così si aiutano le nuove generazioni a costruire il futuro: «Non dobbiamo cadere nella mitizzazione dei "buoni vecchi tempi": la logica dei binari predeterminati aveva anche dei costi enormi». Figli costretti a fare il lavoro dei genitori e dei nonni, a seguire le tradizioni di famiglia, a frequentare un determinato ambiente: «Non dimentichiamoci che significava avere molti meno margini di libertà».

L'etica e la libertà sono stati i suoi cavalli di battaglia, le lezioni trasversali che amava fare, usando tutti i filosofi che potevano parlare ai suoi studenti. «Oggi c'è molta più libertà di scelta ed è una cosa bellissima, ma questo può generare ansia perché la libertà è difficile da gestire. Lo ripeto sempre: la libertà non è la possibilità di fare qualunque cosa mi passi per la testa, nessuno può fare quello che vuole, ci sono dei limiti per tutti. E i limiti sono anche delle occasioni, delle possibilità. Se la tua libertà non ha un ancoraggio da qualche parte, allora che cos'è? Non è più nulla. E questo sì che può creare ansia.»

Dal suo osservatorio quarantennale, Enzo Novara ha visto cambiare i ragazzi, ma ancor di più i genitori: sono gli adulti quelli che hanno modificato il campo di gioco e le sue regole. «I genitori sono diventati i sindacalisti dei figli, pronti a difenderli sempre e comunque e a mettere in discussione gli insegnanti a ogni passaggio difficile. E questo è un disastro.» Un atteggiamento neanche immaginabile in passato: «Non credo che l'insegnante debba essere oggetto di fede, ma di fiducia forse sì. Una volta che più o meno si è presa la misura di quel professore, allora bisognerebbe dare credito alla relazione che crea con lo studente, che non è la stessa relazione che hanno i genitori».

La vita poi, lo sappiamo tutti, sarà piena di cose ingiuste: di colleghi che non ci piacciono, di superiori insopportabili, di piccoli e grandi dispiaceri professionali. La scuola è un buon posto per farsi le ossa, per imparare a convivere con le imperfezioni. Novara mi racconta che nella bacheca della sala professori per molto tempo è stata affissa una vignetta composta da due scene: nella prima c'era un insegnante seduto alla cattedra che riprendeva uno studente e dietro c'erano i genitori che a testa bassa incassavano il colpo. Nella seconda la situazione era rovesciata e c'erano i genitori che chiedevano conto all'insegnante dei voti che aveva dato a loro figlio. «Per non parlare delle chat dei genitori su WhatsApp: una delle cose su cui si potrà studiare questo tempo e le sue degenerazioni.»

Mia madre, quando io ero al liceo, conosceva a malapena i nomi dei miei professori e sapeva anche poco dei miei voti, delle mie assenze e dei miei ritardi. Oggi c'è il registro elettronico, che è una sorta di braccialetto elettronico con cui vengono controllati i figli: se uno è in ritardo, arriva l'allerta sul telefono dei genitori, così come arrivano i voti in tempo reale, le medie, le verifiche e i compiti. «I ragazzi vivono come in un acquario, sempre osservati e senza la possibilità di gestirsi problemi e frustrazioni. Prima del registro elettronico e delle notifiche sul telefono della mamma, dovevamo tutti imparare a comunicare ai nostri genitori un brutto voto: scegliere il momento giusto per farlo o decidere di non farlo, assumendoci la responsabilità di provare a recuperare.»

Io ho passato intere mattine, in cui sarei dovuto andare a scuola, in biblioteca a leggere, oppure sul tram a scoprire la città. Non c'erano telefoni a cui chiamarmi, con cui chiedere conto di ogni minimo ritardo, il tempo era mio e avevo la possibilità di sbagliare.

Poter sbagliare è un regalo che i genitori dovrebbero fare ai loro figli, standogli meno addosso. «L'errore è fondamentale e formativo, eppure viene sempre meno accettato. In questo anche la scuola ha molte colpe, troppo spesso si preoccupa più di selezionare l'eccellenza che di comprendere le difficoltà e far crescere tutti. Nella vita non impari mai quando le cose vanno bene, ma quando sbagli, fallisci, quando soffri una perdita, un abbandono. Allora devi provare a rialzarti, a non affondare, a trovare una via d'uscita. Sbagliare, andare in crisi, avere delle difficoltà sono momenti cruciali, perché è lì che ognuno di noi conosce i propri limiti e le proprie capacità. È un delitto sottrarre ai ragazzi questa possibilità.»

Nelle migliaia di colloqui con genitori preoccupati per i brutti voti dei figli, il professor Novara raramente consigliava le ripetizioni private. Più spesso diceva: fategli fare sport. «Lo sport è molto educativo, quasi spietato, perché ti insegna quello che puoi fare e dove puoi arrivare, ma ti dice anche, con chiarezza, quello per cui non sei portato. Non è una sconfitta non saper correre i cento metri in un tempo decente, è bene capirlo subito e provare con il nuoto. Lo stesso vale per la scuola, non si può essere portati in tutto, lo dovrebbero capire gli insegnanti come i genitori, senza fare tragedie, ma aiutando, invece, a individuare le vocazioni e i talenti. Non si può fare tutto, e non si può saper fare tutto. Rendersene conto aiuta molto, poi, nella vita.»

III

La passione

Tutto cominciò il giorno di Sant'Ambrogio del 1982, in un cinema milanese: ci portarono a vedere *E.T. l'Extra-Terrestre*. Mio fratello Paolo aveva undici anni e in quel film trovò l'immagine che si sarebbe portato dietro tutta la vita, quella dei bambini che fuggono liberi e poi volano via sulle loro biciclette. Bici che non assomigliavano per niente a quelle che avevamo noi, ma erano molto più sportive.

Tornato a casa, Paolo cambiò la letterina che avevamo già scritto a Babbo Natale e chiese di avere una di quelle bici in regalo. La trovò fuori dalla porta la notte di Natale, ci salì in sella felice ed è come se non fosse mai più sceso.

Sono passati più di quarant'anni, ma le conseguenze di quel giorno di dicembre continuano, perché quel pomeriggio al cinema ha davvero dato una direzione alla sua vita. (Mentre correggo questo capitolo, sono nella casa dei nonni in Liguria, a Bogliasco, dove ci troviamo tutti ogni anno a metà luglio per vedere la processione e i fuochi d'artificio. Nessuno è mai mancato all'appuntamento. Sono le sei e mezza di mattina e gli unici svegli siamo io e lui: io davanti al computer con la compagnia del mare e dell'orizzonte, lui, con una tutina rossa e il caschetto, sta invece uscendo per fare 150 chilometri di salite e discese con la sua nuova leggerissima bici da corsa.)

Mi piace pensare che nell'esistenza di ognuno di noi ci siano incontri casuali, incroci fortunati, storie non previste o anche rotture che rappresentano un bivio e ci fanno imboccare una strada che ci porterà lontano, su un percorso che mai avremmo immaginato.

Ricordo la faccia di mia madre, seduta in cucina, quando Paolo le annunciò che avrebbe abbandonato architettura dopo aver superato 25 esami – ne mancavano 5 alla laurea – per andare a lavorare in una fabbrica di biciclette dove avrebbe montato manubri. Sembrava una sconfitta, eppure lui aveva sempre detto con chiarezza quale fosse la sua passione, e il tempo libero lo passava in sella o nel box a riparare la bici. Nel «mondo dei grandi» si fa fatica a immaginare che la predilezione di un bambino possa trasformarsi e diventare un lavoro, l'occupazione di una vita. Così, dopo il liceo artistico, sembrava naturale che Paolo si iscrivesse ad architettura: non era forse il percorso corretto, il più consono?

Quella scelta coraggiosa di abbandonare l'università non fu affatto una sconfitta, presto sarebbe stato capace di trasformare la sua passione in un lavoro fino a diventare direttore marketing di una grande azienda del mondo dello sport e a seguire le squadre che corrono il Giro d'Italia o il Tour de France.

Ma anche quando apparentemente è la vita che sceglie, ciò accade sempre seguendo un disegno che parla di noi. Paolo da bambino era molto silenzioso e soffriva di una forma leggera di claustrofobia, e «l'aria in faccia» che gli regalava la bici è stata la risposta e la soluzione. Ognuno ha bisogno di trovare il proprio mondo, per lui era quella bici su cui pedalava spensierato, per me i libri che mi regalava il nonno e in cui mi immergevo fino a dimenticarmi ogni cosa.

Nemmeno io mi sono laureato, eppure ho amato moltissimo studiare storia, tanto che non ho mai smesso di farlo, ma nella mia incapacità di arrivare a discutere la tesi, dopo aver fatto un percorso felice e appassionato, c'è qualcosa che ho sentito nelle parole della ragazza di medicina: l'asticella posta troppo in alto. Che può creare frustrazione ma anche paralisi. Io avevo completamente sbagliato il passo finale, troppa aspettativa di presentare una ricerca originale, con documenti inediti, che meritasse di essere pubblicata. La voglia di fare il massimo mi ha impedito di raggiungere il minimo.

Il mio progetto di tesi riguardava la discussione che si svolse dentro l'amministrazione Kennedy all'inizio degli anni Sessanta sull'opportunità che i socialisti entrassero al governo in Italia, dando vita al primo centrosinistra. Fu la mia prima ricerca veramente giornalistica: avevo letto un sacco di libri e passato giorni in un luogo meraviglioso, la Kennedy Library a Boston. Un grande archivio davanti all'oceano, con la barchetta a vela del presidente ad accoglierti all'ingresso.

Avevo trovato le carte che mostravano la spaccatura profonda e feroce tra il dipartimento di Stato e l'ambasciata di Roma, che erano contrari ad aprire ai socialisti di Nenni, e la CIA e la Casa Bianca che erano invece favorevoli. Per un colpo di fortuna ero stato il primo a poter leggere una serie di lettere e documenti che fino ad allora erano stati secretati e inaccessibili. Quando ero tornato a Milano dal mio professore, il politologo Giorgio Galli, lui, preso dall'entusiasmo, mi disse che quella non era solo la mia tesi, ma che ne sarebbe nato un libro che mi avrebbe aiutato a pubblicare. Le sue parole mi fecero felice, però l'aspettativa fu paralizzante. Cominciai a controllare ogni virgola, per scrivere un capoverso studiavo settimane, per una pagina che parlava della guerra del Vietnam mi imposi di leggere tre tomi mastodontici che si portarono via un mese di tempo.

Mentre ogni cosa mi sembrava complicatissima e mi perdevo nei dettagli, uscì il bando per entrare alla scuola di giornalismo. Avevo ormai chiaro che quella era la strada che mi attirava di più, che volevo fare lo storico del presente, così per non restare indietro decisi di partecipare, anche se non mi ero ancora laureato. Riuscii a passare i test di ingresso e quel mondo mi catturò. Quando, dopo il primo anno di corso, venni mandato a fare lo stage a Roma, all'agenzia Ansa, e venni assegnato alla redazione politica a Montecitorio, la tesi perse qualunque interesse. Ero stato investito dalla cronaca, catturato dalle dinamiche della politica, dalla corsa a trovare una notizia e a darla per primo.

Nonostante le mille promesse fatte a mia madre, che mi chiamava almeno una volta al mese chiedendomi di trovare il modo per concludere il percorso universitario, quella tesi è rimasta incompiuta e non l'ho mai discussa. Oggi che nessuno mi sollecita più, che la cosa è dimenticata, dentro di me è rimasto il cruccio e anche un senso di ingiustizia verso quell'avventura mai chiusa. Per anni, la notte ho sognato di scoprire che nemmeno la maturità era valida, che dovevo ancora fare una versione di greco, e mi svegliavo agitato e confuso.

Io credo che i rimpianti siano tempo perso, che sia meglio pensare a come costruire bene il futuro anziché interrogarsi troppo sulle scelte del passato, ma in questo caso mi piacerebbe tanto poter tornare indietro e dire a quel Mario pieno di ansie di non perdere tempo e di non smarrirsi alla ricerca di chissà quale eccellenza. Di scrivere con passione, provando a divertirsi, e di concludere in fretta. So che mi sarei sentito molto meglio, che oggi non avrei quel rammarico e mi risparmierei questa sensazione di aver lasciato un cantiere incompiuto. E avrei quella splendida poltrona rossa di pelle che mi piaceva tanto, e che mia madre mi aveva promesso come regalo di laurea.

Non ho mai chiesto a mio fratello se abbia rimpianti, ma non mi sembra proprio. Ho ripensato spesso a lui bambino che pedalava in cortile tutti i pomeriggi, con qualunque tempo, obbligato da mia madre a farlo con il loden quando veniva l'inverno. Ci ho ripensato soprattutto mentre seguivo la sua traccia satellitare sul telefono, un puntino che per quattro giorni e quattro notti si muoveva tra strade desertiche, canyon e montagne nel sud della Spagna.

L'idea gli era venuta mentre era chiuso in casa con il Covid: partecipare alla gara ciclistica più folle d'Europa: «Sono stato a letto 21 giorni, recluso in camera perché il resto della famiglia era negativo. Ho vissuto quel periodo come una prigione, avevo la febbre e mi sentivo soffocare, allora per evadere ho iniziato a navigare tra siti e riviste online e mi sono imbattuto in un articolo che parlava di questa gara fuoristrada nel sud della Spagna, dove ci sono gli ultimi due deserti d'Europa, quelli dove Sergio Leone girava i suoi film western. La competizione si chiama "Badlands", sono 750 chilometri di sterrato con 15.000 metri di dislivello, da fare in totale autonomia e senza il minimo supporto. Alla partenza l'organizzazione ti consegna solo una traccia da seguire e indicazioni sul percorso, devi arrangiarti e decidere dove fermarti, quando mangiare e se, dove e come dormire».

Paolo percorre ogni anno almeno 10.000 chilometri in bicicletta, ma non si è mai allenato per le lunghe distanze e non ha mai pedalato di notte, così da subito si era reso conto che non avrebbe mai avuto la preparazione per una corsa di quel tipo, nonostante avesse cominciato ad allenarsi nelle ore più calde della giornata. «Ho capito che non sarei stato pronto fisicamente, allora ho pensato che avrei dovuto esserlo mentalmente. Ho fatto un lungo lavoro per prepararmi alla difficoltà psicologica, agli inconvenienti. Una frase mi ha aperto il cervello, l'ha scritta un uomo che fa le ultramaratone in montagna: "Se tu cerchi di respingere il più a lungo e il più possibile il momento del dunque, che è la crisi, non arriverai mai in fondo, se invece quando arriva il crollo lo accogli e lo accetti e ti convinci che fa parte del tuo percorso, allora raggiungerai il traguardo".»

Paolo era il più vecchio dei 260 partecipanti, l'unico ad avere cinquant'anni. Quando alla partenza si è guardato intorno, per consolarsi ha pensato: «Forse, però, sono il più saggio». Era partito da solo, ma il secondo giorno aveva trovato un compagno di viaggio, un artista colombiano di trentacinque anni che vive in Danimarca: «Era più veloce di me, ma forava in continuazione e così lo raggiungevo. Ha bucato 16 volte ma non si è mai arrabbiato, ha un karma invidiabile e con pazienza ogni sera si riparava le camere d'aria con le toppe. Ci siamo superati due o tre volte, lui, che è un ottimo scalatore, mi passava in salita ma poi regolarmente bucava. Ogni volta mi fermavo a vedere se era tutto a posto. Da quel momento abbiamo pedalato insieme e questo aiuta tantissimo: dividi ogni preoccupazione e ogni stress, ogni decisione di percorso, ma soprattutto le angosce e le paure. Ci siamo lavati nelle fontane e insieme abbiamo cercato cibo e un posto dove dormire».

Al tramonto del secondo giorno, dopo 120 chilometri, arrivati alle porte del deserto di Tabernas, Paolo mi aveva mandato questo messaggio: «Tutto bene, abbiamo appena svaligiato un supermercato, abbiamo preso frutta, tacchino, formaggio, pane e nella prima mezz'ora ho bevuto due lattine di Coca-Cola, un litro di succo di arancia e un litro e mezzo d'acqua. Poi ci siamo spostati al ristorante, dove ho mangiato nove bistecche di maiale, ognuna su una fetta di pane e pomodoro».

Per Paolo il momento più difficile, in un'avventura abbandonata da metà dei partecipanti, è stato a 7 chilometri dall'arrivo, quando gli si sono scaricati il telefono e il navigatore e si è perso in una boscaglia. «Pensavo di avercela fatta, ero solo, mi ero rilassato e mi è preso uno sconforto totale. Ma alla fine sono arrivato, quel viaggio incredibile era durato 4 giorni, 16 ore e 45 minuti.»

Il racconto di quell'avventura è strepitoso e indimenticabile: polvere, caldo, buche, zanzare, salite mostruose e tanta pazienza. La fatica come compagna di viaggio, accettata e non rifiutata.

«Non dimenticherò mai i paesaggi, i due deserti, ma soprattutto la luce e il vento. Non dimenticherò mai le vesciche, la sabbia negli occhi, le dita delle mani insensibili e l'aver respirato talmente tanta terra e sabbia che mi sembrava di avere la tonsillite. Non so se rifarò mai una cosa del genere, ma è stata un'esperienza indimenticabile, la cosa più bella che ho fatto in quarant'anni in sella. La cosa che mi ha dato più libertà di tutte.»

Nel suo racconto c'è tutta la vitalità di una strada che sembrava sbagliata, che non era quella prevista e che agli occhi di mia madre appariva come una sconfitta. Invece Paolo è riuscito a tenere insieme la sua passione, il lavoro e il tempo libero. (Ma lei non se n'è mai fatta una ragione e ancora oggi, qualche volta, ci guarda di traverso e, alzando il dito, dice: «Comunque, vergognatevi di non esservi laureati».)

IV
La possibilità

Al centro dell'enorme atrio delle partenze nella Grand Central Station, sotto la volta con 2500 stelle, c'è un grande orologio dorato con quattro facce. Lo hanno messo sopra l'ufficio informazioni e da ogni punto è possibile vedere l'ora. La luce filtra dalle immense vetrate, le ombre e i colori riflessi cambiano in continuazione. Questa stazione centenaria è uno dei posti più belli di New York, il mio luogo del cuore.

Sotto l'orologio si danno appuntamento ogni giorno migliaia di persone; mi piace fermarmi a osservarle, immaginare le loro vite, capire perché quei due discutono, se quel bacio è clandestino o se quel ritardo, che ha fatto perdere il treno, avrà conseguenze.

Mi colpisce una ragazza minuta, con i capelli neri e un foglio in mano. Continua a guardarsi intorno, non sa dove andare. Sul petto ha una fascia con una bambina piccolissima che dorme. È così sperduta che la avvicino per chiederle se ha bisogno di aiuto. Dice che deve prendere il treno numero 7, ma non sa dove sia. Parla in spagnolo. Mi mostra un foglio. Il suo nome è

Maria, viene da un villaggio dell'Ecuador. Sottovoce aggiunge che ha camminato cinque settimane per arrivare al confine tra il Messico e gli Stati Uniti. Lo dice in modo naturale, come se fosse una cosa scontata. Significa che ha attraversato Colombia, Panamá, Costa Rica, Honduras, Nicaragua, Guatemala e tutto il Messico con sua figlia Lucia, che ha un anno, sempre addosso. Impossibile calcolare la distanza, ma non meno di 6000 chilometri, usando autobus, treni, camioncini e soprattutto le gambe.

Le sue valigie sono due sacchetti di plastica, uno per mano. Sono leggerissimi, è incredibile che tutta la sua vita sia chiusa lì dentro.

La prima volta che pensai a questa cosa, a quanto poco possa ingombrare una vita, ero all'aeroporto di Newark, dove ogni notte arrivavano gli aerei che portavano negli Stati Uniti coloro che avevano ottenuto lo status di rifugiati. Una sera incontrai una famiglia di sei persone del Burundi, genitori di ventotto anni e quattro bambini di cui uno neonato. Arrivavano da un campo profughi tanzaniano, un girone infernale dove si ammassavano i sopravvissuti al genocidio ruandese. Jean-Claude, questo era il nome del padre, mi raccontò che i suoi genitori, papà tutsi e mamma hutu, erano stati uccisi, prima lui e, un anno dopo, lei. E che aveva convinto sua moglie Pascazia a fuggire la notte in cui ebbero la netta sensazione che fosse arrivato il loro turno. La cosa che non posso dimenticare, dopo molti anni, è che non avevano valigie, solo una busta con i documenti e un foglio con la destinazione finale: l'Ohio. Non possedevano nulla. Di fronte al mio stupore, Jean-Claude disse una frase definitiva e che risponde a ogni domanda: «Abbiamo la vita. E adesso anche la possibilità di viverla».

Quando Maria è arrivata al confine, l'hanno messa su un pullman e spedita a New York: è quello che fanno i governatori repubblicani degli Stati del Sud per far esplodere il problema migratorio nelle grandi città democratiche della costa atlantica.

Sul foglio che mi mostra c'è l'indirizzo di un albergo del quartiere di Queens, riconvertito in centro di accoglienza per migranti. Cercandolo su Google, capiamo che il 7 non è il numero di un treno ma di una linea della metropolitana. La accompagno ai tornelli e le regalo la mia tessera per i trasporti newyorkesi.

La osservo mentre si allontana, Maria non conosce nessuno e nessuno la sta aspettando da nessuna parte, non c'è nessun algoritmo a guidarla. Niente: solo un desiderio di futuro per sé e per Lucia, quella minuscola bambina che dorme sul suo petto.

V

L'occasione

Ebrima è nato in Gambia, un piccolo paese incastrato dentro il Senegal, nel 2001.

Avevo sentito parlare di lui da un amico, ma conoscevo pochissimo della sua storia, qualche riga letta su Internet, sufficiente però a convincermi che la sua vita fosse la dimostrazione che il destino può prendere strade impreviste e non immaginabili. Soprattutto non programmate. L'ho cercato per mesi e per riuscire a parlargli ho dovuto aspettare la fine del campionato di calcio.

Ci incontriamo in un appartamentino che affitta ogni estate a Montecatini per fare la preparazione fisica, per mettere su un po' di muscoli. Ha i dread, i capelli raccolti nelle treccine rasta, una maglietta con un logo danese e sorride sempre.

Ha appena steso il bucato sul balcone e ieri sera ha giocato fino a tardi con la PlayStation. Accendo il registratore e mi metto in ascolto.

«Nella mia famiglia eravamo in sei, ho due sorelle e un fratellino, io sono il penultimo. Mio papà faceva l'insegnante e mia mamma, invece, lavorava a casa, faceva degli oggetti che poi vendeva nel quartiere. Non avevo ancora nove anni quando mio padre è morto.»

«Se mio padre ci fosse stato, forse non sarei mai partito. Mio zio, il fratello di mia madre, partiva per il Senegal, ho deciso di andare con lui perché il Senegal è un paese più moderno del Gambia, con più energia. Avevo quindici anni e volevo inseguire il sogno. Ma le cose non sono andate come speravamo, non abbiamo trovato lavoro e così la strada si è allungata sempre di più. E mi sono ritrovato qui in Italia.»

Che cos'è questo sogno? Cosa significa? Ebrima mi risponde con un gesto delle mani: le allarga verso l'alto. Il sogno è l'idea di una vita bella, di un futuro di benessere. Per i ragazzi del quartiere di Bakoteh, dove è nato e cresciuto, l'Europa è la Champions League, sono le magliette colorate del calcio. «Ma nessuno ti spiega quanto sia lontano e difficile da raggiungere. Nessuno ti parla della sofferenza che dovrai affrontare.»

«Abbiamo fatto questo lungo viaggio in pullman. Da paese a paese, fino alla Libia. E poi, quando siamo arrivati, ci ha preso una banda.

«Era meglio essere presi dalla polizia, al massimo ti facevano tornare al tuo paese. Invece, se ti beccano le bande – e il deserto è pieno di bande – ti fanno cose terribili. Cose che veramente non immaginavo. Se ci sono le donne, è ancora peggio.

«Quando ti prendono, ti mettono in una specie di prigione, un grande capannone. Uno addosso all'altro, senza spazio. Mangiavamo due volte al giorno, sempre e solo pane.

«Ti ordinano di chiamare casa e di chiedere il riscatto. E se tu non hai nessuno che può mandare i soldi, resti lì. Alcuni fuggono, alcuni muoiono, altri non si sa che fine fanno.

«Io sono stato fortunato perché ero molto giovane, ero piccolino. Però se sei un po' più grande o sei femmina, allora è un casino. Stavo lì con altri ragazzini della mia età: alcuni erano partiti con i genitori, altri erano scappati di casa sperando di trovare qualcosa di meglio.

«Ci facevano uscire la mattina appena svegli per pisciare. A due a due, ma eravamo tantissimi, più di cinquecento. Chi non resisteva la faceva nelle bottiglie vuote. Oppure battevamo sulla porta per chiedere di prendere aria, ma allora il guardiano apriva, entravano in quattro e picchiavano a caso chi trovavano.

«La sera aprivano la porta e prendevano la prima ragazza che capitava. La ributtavano dentro di notte. La sentivamo piangere per ore. Nessuno diceva niente, tutti avevamo paura.

«Un giorno che eravamo stanchi e volevamo uscire abbiamo iniziato a battere sulla porta e sulle pareti. È entrato uno con la pistola e ha sparato in aria per spaventarci.

«Il proiettile è andato a sbattere sul tetto di metallo, è rimbalzato e ha colpito un poveretto che dormiva. Ha iniziato a gridare. Sanguinava di brutto. Lo hanno trascinato fuori e non l'abbiamo più visto.

«Io ero l'unico gambiano, gli altri parlavano francese tra loro, così stavo sempre zitto. Dopo due settimane, il capo della banda mi ha parlato in inglese e mi ha detto che dovevo lavorare.

«La mattina ci caricavano sul retro di un pick-up e ci portavano a fare i lavori nelle case: dovevamo lavare le macchine, pulire i bagni, lavare i tappeti. Ogni due o tre ore ci portavano in un'altra casa a fare le stesse cose. Poi al tramonto ci venivano a prendere e ci facevano tornare in quella specie di prigione.»

Ebrima parla e a me sembra di avere già visto tutto: nella mia testa la sua voce si mescola alle immagini del film *Io capitano* di Matteo Garrone. La storia è esattamente la stessa: il percorso nel deserto, le bande criminali, la violenza, la richiesta di riscatto, le persone che restano indietro e quelle che scompaiono. Ebrima non ha mai visto il film e non sembra aver nessuna voglia di farlo, troppo pena rivivere quella storia che per lui non è mai finita: «Non so se mio zio sia ancora vivo, nessuno sa dove sia finito. In Libia, a un certo punto, ci hanno divisi: noi, i più giovani, ci hanno portati da una parte, loro, i grandi, da un'altra, e da lì ho perso le sue tracce. Sono anni che speriamo di avere sue notizie, ma nessuno sa niente».

«Io ero sempre con tre o quattro ragazzi maliani della mia età. Parlavano sottovoce tra di loro, poi uno che sapeva qualche parola di inglese mi ha detto che volevano scappare. Mi ha detto: "Prima che il guardiano torna a prenderci passeranno tre ore, vieni con noi, abbiamo il tempo per scappare".

«Non sapevamo dove eravamo, ma loro correvano lungo la strada e io li seguivo. Vedevamo che c'erano delle case, però cercavamo un negozio, poi abbiamo trovato un supermercato. Siamo entrati e per fortuna c'era una donna. Lei si è spaventata, ma noi piangevamo e abbiamo chiesto di poter telefonare.

«All'inizio non ci voleva dare il telefono, poi ha capito che eravamo veramente messi male e ci ha dato da mangiare e da bere, e uno dei maliani ha potuto chiamare casa. Io non ho chiesto di telefonare perché non sapevo se servissero soldi. Non avevo nulla. Allora la signora ci ha detto che ci faceva venire a prendere da uno che lavorava con lei.

«I soldi li aveva mio zio, aveva sempre pagato lui durante il viaggio, anche per me. Ma adesso lui non c'era più e io non avevo niente, proprio zero. Non avevo nemmeno il telefono. Sapevo solo il numero di mia mamma e di mia sorella. Quei numeri sono sempre nella mia testa. E un numero da chiamare a Tripoli.

«Dopo due ore, è venuto a prenderci il dipendente della signora e ci ha portato in una casa. Io volevo solo chiamare il numero di Tripoli che lo zio mi aveva fatto imparare a memoria, quello di una grande casa dove radunavano tutti i gambiani e dove mi avrebbero aiutato a trovare lavoro per pagare il viaggio.

«Ho telefonato e dopo qualche ora mi sono venuti a prendere. Mi hanno detto però che dovevo chiamare casa per farmi mandare i soldi, perché per andare in Italia servivano almeno 400 euro. Io volevo telefonare, ma per dire a mia madre che ero vivo. Quando ha sentito la mia voce è scoppiata a piangere, temeva che fossi morto.

«Ha cominciato a ripetere che dovevo tornare indietro, che era troppo pericoloso. "Mamma, ma come faccio ad attraversare di nuovo il deserto? Non conosco la strada e sono solo. Ormai sono vicino all'Italia, manca poco." Pensavo che per arrivare a Lampedusa ci volesse mezz'ora di barca, massimo un'ora. Questo ci avevano detto.

«Mia madre mi ha spiegato che lei quei soldi non li aveva, poi si è messa a cercare, ha chiesto piccoli prestiti a parenti e amici del quartiere e mi ha mandato quello che aveva raccolto. Io ho cominciato a fare dei lavoretti e in un mese siamo riusciti ad arrivare alla somma necessaria. Ho pagato e mi hanno messo in lista. Era la fine di agosto del 2016.

«Una notte alle tre hanno detto: "Si parte". Alle quattro eravamo sulla spiaggia. Era completamente buio e non si vedeva niente. Ci hanno fatto sedere sulla sabbia. Prima hanno dato l'ordine di salire su una barca, poi hanno gridato di scendere. Per farci fare le cose in fretta ci prendevano a frustate.

«Due giorni dopo abbiamo riprovato. Ci hanno fatto salire in almeno 130 su un gommone, uno addosso all'altro con le ginocchia vicino al petto. Sembrava impossibile starci, ma con le frustate ci sono riusciti. Ripetevano che ci avremmo messo poche ore, invece abbiamo passato due notti su quel gommone. Io non sapevo nuotare.

«Abbiamo incontrato la grande nave, che ci ha visti e ci ha presi. Sono passati otto anni e non mi ricordo il suo nome, ma faceva proprio quello: andava a salvare la gente in mare. Prima hanno fatto salire le donne con i bambini, poi le altre donne, poi i ragazzini come me, che avevo appena compiuto quindici anni, e poi i maschi grandi.

«Sulla nave ci hanno dato un pacco di vestiti, c'erano pantaloni lunghi, maglietta, felpa. Si poteva fare la doccia, ci davano da mangiare e ci trattavano bene.

«Ricordo che ho pensato: "Le mie preghiere sono state ascoltate, sono state capite e sono state accettate". Avevo pregato tanto.

«Hanno detto che ci avrebbero portato a Lampedusa, poi è successo qualcosa e hanno parlato di Catania. Abbiamo fatto due notti su quella nave e la seconda sera nessuno ha dormito perché iniziavamo a vedere le luci dell'Italia, sempre più vicine. Bello, bello, veramente bello. Quanta emozione avevo.

«A Catania mi hanno portato in una casa-famiglia. Ero stanchissimo e superfelice. Dalla finestra della mia camera si vedeva lo stadio. Io stavo sempre a guardare fuori e ricordo che ho pensato: "Magari un giorno diventerò un calciatore, magari giocherò su quel campo, magari giocherò in quella squadra".

«Fin da piccolo ho sempre giocato a calcio. Ma dovevo farlo di nascosto perché mia madre non voleva. Dopo la scuola andavo anche a una scuola di calcio, ma lei non lo sapeva. Se tornavo con i lividi o una gamba gonfia si arrabbiava tantissimo e mi picchiava.

«Ognuno aveva la sua squadra del cuore, io tifavo Barcellona, i miei amici il Real, o il Napoli, la Roma, il Manchester United. Ogni bambino africano sceglie la sua squadra della Champions League. Andavamo sempre in un locale in cui si paga il biglietto per entrare e vedere le partite in tv. I miei campioni erano Xavi del Barça e Andrea Pirlo.

«Avevo la maglia azzurra di Totti, quella della Nazionale italiana. Non me la toglievo mai. Me l'aveva presa mio zio, il fratello di mio padre, che lavora al mercato dove vendono la roba che arriva dall'Europa. Tutti aspettavano di vedere le nuove maglie di calcio che mettevano sui banchi ogni giorno.

«Da Catania mi hanno trasferito a Piazza Armerina, in mezzo alla Sicilia, dopo due mesi mi hanno spostato a Caltagirone. Era una casa-famiglia molto grande, con un vero campo di calcio. Si giocava tutto il giorno, a pallone, a carte, a biliardo, e si guardavano i film. Ma io volevo andare a scuola.

«Sette mesi dopo mi hanno mandato a Rieti e finalmente mi hanno iscritto alla scuola media. Ero in una casa-famiglia piccola e tranquilla che ospitava solo quattro ragazzi. Sognavo una vita normale, come quella dei miei compagni di scuola che ogni pomeriggio andavano a giocare. Ma non era possibile: prima dovevo avere un tutore e poi il permesso.

«Io tutti i giorni ripetevo, un po' in inglese e un po' in italiano, che non volevo stare rinchiuso nella comunità, che ero già stato prigioniero in Libia. In questa famiglia c'era un ragazzo della Guinea, un pomeriggio ho visto che prendeva una grossa borsa e che lo accompagnavano ad allenarsi. Mi ha detto che giocava nello Young Rieti.

«Da quel momento non ho pensato ad altro, volevo andare con lui alla scuola calcio. Ogni giorno gli dicevo che ero bravo, lo pregavo di parlare di me all'allenatore. Per fargli vedere che ero capace, mi esibivo facendo i palleggi in casa. Lui ha raccontato di me alla squadra e mi hanno chiamato. Ero felice. Ricordo ancora il discorso che mi hanno fatto a casa prima di darmi il permesso di uscire per andare al campo: "Appena finisci l'allenamento devi tornare subito a casa e devi sempre essere bravo, non metterti mai nei guai".

«Ho cominciato ad allenarmi con loro e poi a giocare, mi avevano messo a centrocampo. Poi hanno visto che ero il più veloce e così sono finito a fare la punta. A metà stagione mi ero fatto notare, così è venuta un'osservatrice che si chiama Miriam Peruzzi e ho cominciato a fare dei provini: il primo con il Pescara e poi a Chiavari con l'Entella.»

In quel momento il talento di Ebrima ha incontrato la sua occasione. È successo per caso, Miriam non sarebbe dovuta andare a vedere il torneo amatoriale in cui giocava quel ragazzino, ma glielo avevano tanto consigliato che ha cambiato i suoi programmi.

«Ero molto magro, pesavo cinquanta chili, troppo leggero per fare il calciatore. Miriam però mi diceva che avevo rapidità e intelligenza di gioco, che il fisico si può costruire ma la visione non si impara. Siamo diventati amici e la sua famiglia è diventata presto la mia seconda famiglia. Non so perché, ma la gente mi vede e mi vuole bene.

«A Pescara mi volevano, ma io non avevo i documenti per essere tesserato. Così anche all'Entella. Miriam mi aveva presentato Giorgio Ghirardi, che fa il procuratore, e mentre tornavamo da Chiavari mi dice: "Ti portiamo a Roma a fare il provino". Io dico: "Scusa, non ho capito: Roma, nel senso di Roma Serie A o una squadra di Roma?".

«Stavamo andando a Trigoria, al campo di allenamento della Roma, quella vera. Per la prima volta mi sono agitato. È stato il provino più veloce: mi hanno preso subito. Mi hanno iscritto al liceo sportivo, ma non potevo giocare perché mancavano i documenti e per un anno e mezzo mi sono solo allenato con l'Under 17. Non mi hanno mai fatto mancare niente, vivevo e studiavo con loro.

«Finalmente sono arrivati i documenti, ho cominciato a giocare con la Roma Primavera e mi hanno dato la maglia numero 55, con il mio cognome sulle spalle: Darboe. A Verona, contro il Chievo, ho segnato il mio primo gol. Me lo ricordo perfettamente: di testa sul primo palo. Poi sono arrivato alla prima squadra, ho giocato in Serie A e in Europa League. Questo è il sogno.

«Dopo l'esordio nella Roma mi hanno chiamato nella Nazionale del Gambia, il mio paese. Quando si è diffusa la notizia, tutto il quartiere dove sono cresciuto ha fatto festa per me, allora mia madre ha capito che era una cosa importante. Mi hanno preso un biglietto aereo per il Marocco dove dovevamo giocare due partite. È bello giocare e parlare la stessa lingua con i compagni di squadra.

«Poi mi sono fatto male al ginocchio: si era rotto il crociato e sono stato operato. Sono stato fermo una stagione. Si è fermato tutto. Ho avuto paura che il sogno fosse finito. Ci ho messo un anno per riprendermi perché avevo un po' di squilibrio muscolare e per questo motivo quando finisce la stagione io non vado in vacanza ma continuo sempre a lavorare, a fare esercizio.

«L'anno scorso sono andato in prestito in Austria, perché ho pensato che dopo l'infortunio la cosa migliore era riprendere piano piano. A metà stagione mi ha chiamato la Sampdoria e lì, come allenatore, ho trovato Pirlo, uno dei miei idoli da bambino. Non riuscivo a credere di poter lavorare con lui, mi ha insegnato molto e abbiamo costruito un bel rapporto.

«Nel 2021, cinque anni dopo la mia partenza, sono tornato in Gambia e ho visto mia madre. Sapevo che lei avrebbe pianto, ma non pensavo che lo avrei fatto anch'io. Non riuscivamo a smettere. C'era tutto il paese ad aspettarmi. Questa volta il viaggio l'ho fatto in aereo. Ci abbiamo messo solo poche ore, mentre io ci avevo messo dei mesi. Ho volato sopra il mare e il deserto, tutto era semplice e tranquillo e ho dormito.»

Ebrima racconta con calma, sembra molto più grande della sua età, più consapevole di ogni cosa. Ma quando parla della Libia cambia espressione: la serenità sparisce dal suo viso, il sorriso si spegne.

«Se tornassi indietro non lo rifarei quel viaggio, resterei in Gambia. Non importa che io sia diventato un calciatore professionista, nemmeno questo vale quella sofferenza. No, non lo rifarei mai: è troppo duro e ho visto cose troppo brutte. Non lo consiglierei a nessuno, nemmeno al mio nemico. Sono passati otto anni, ma di mio zio non sappiamo nulla, chissà dove è finito...»

La scomparsa dello zio gli ricorda ogni giorno come poteva andare: lui oggi corre sotto la curva e il pubblico lo applaude, trova il suo nome e la sua foto ogni giorno sui siti che parlano di calcio, ma poteva essere un fantasma, inghiottito dalle carceri illegali libiche, dal deserto o dal mare. E nessuno avrebbe mai saputo nulla di lui. Semplicemente non sarebbe più esistito.

«All'inizio mi hai chiesto qual è il mio sogno, eccolo: giocare in Champions League.

«Mi hai anche chiesto se ho mai l'ansia. Ma che cos'è l'ansia? Perché ti interessa? Io sono sempre tranquillo. Forse dipende da quello che ognuno ha passato, da quello che ognuno ha vissuto.

«La vita non è tutta dritta. Ci sono alti e bassi. Ci sono i momenti in cui pensi che le cose non si risolveranno mai, come è capitato a me durante il viaggio. Perché arrivi a un punto in cui ti dici: "È finita, ho capito che è proprio finita". Ma nel viaggio ho imparato che, anche se tutto è difficile, non c'è niente che non si risolve. In qualche modo si risolve. Per questo vivo tranquillo.»

VI
L'entusiasmo

Sono poche le vite dritte che ho incontrato, l'idea che le esistenze si possano programmare e che poi procedano a velocità costante nella direzione immaginata è quasi sempre un'illusione. Passo gran parte del mio tempo a cercare storie e incrocio quasi sempre percorsi accidentati e sorprendenti, in cui le cose vanno diversamente da quella che era un'attesa normalità. È importante avere una bussola e i sogni e le speranze sono dei buoni compagni di strada, ma poi bisogna essere capaci di adattarsi e accettare le sorprese e i cambiamenti.

C'è un uomo di novantadue anni che ancora oggi conserva intatta l'allegria di quando era un bambino e si trovò improvvisamente a dover lasciare per sempre la casa, i nonni e gli amici per scappare dalla guerra e dalle persecuzioni. Quella capacità di sorridere alla vita è stata la sua salvezza e lo ha aiutato a fare tantissima strada. Si chiama Guido e ha il mio stesso cognome, ma nessuna parentela.

«Siamo salpati con il *Rex*, da Genova, venerdì 8 settembre 1939. Siamo partiti all'ultimo momento. I programmi erano cambiati ancora una volta, come succedeva continuamente nelle nostre vite da quando Mussolini aveva promulgato le leggi razziali. Non era previsto che anche io e mio fratello attraversassimo l'Atlantico: il papà sarebbe dovuto partire da solo in agosto, sul transatlantico *Conte di Savoia*, per andare a capire se si potesse vivere in quello strano paese chiamato Stati Uniti. Noi, con la mamma, lo avremmo raggiunto solo più tardi.

«Eravamo sulle Dolomiti con i nonni materni ed eravamo convinti che il papà fosse già in navigazione quando è suonato il telefono. Era mia madre: "La nave non è partita per un guasto, forse lo farà domani, ma da Roma ci dicono che sta per scoppiare la guerra e non vogliamo essere separati". Così ha detto ai nonni di portarci subito a Milano. Ricordo la scena che ho visto entrando in casa: mia madre che prende i vestiti dagli armadi e li butta in un baule. Il papà invece si era fatto fare da un sarto delle camicie che gli sarebbero bastate per quindici anni: visto che i soldi non si potevano portare fuori dal paese li aveva trasformati in vestiti.

«Abbiamo viaggiato in treno di notte e siamo arrivati a Genova, io e mio fratello ripetevamo eccitati: "Andiamo in America!". I nonni piangevano. Ci siamo messi ad aspettare, ma la nave non partiva. Non sapevamo cosa fare: tornare in montagna? Neanche per sogno, visto che la nostra casa era vicina al confine, a Milano nemmeno perché secondo i nonni la città sarebbe stata uno dei primi obiettivi dei bombardamenti. Allora ci hanno mandati dai nonni paterni fuori Bologna.

«Una sera, mentre eravamo intorno alla radio a cercare notizie, suona il telefono: è il papà che dice di aver trovato i biglietti per il *Rex*, il piroscafo più illustre e più elegante della navigazione italiana, quello che aveva conquistato il "Nastro azzurro" stabilendo il record per la traversata più veloce dell'Atlantico. Negli anni Trenta, tra la presa del potere di Hitler e l'entrata in guerra dell'Italia, portò in America decine di migliaia di ebrei in fuga dall'Europa, tanto che a bordo venne allestita una cucina kosher e ci viveva, imbarcato, un rabbino americano.

«Viaggiavamo nell'affollatissima seconda classe, un giorno di navigazione per arrivare a Napoli e poi sette per raggiungere New York. Il *Rex* era dipinto di bianco, rosso e verde, così i sottomarini sapevano che era una nave neutrale, perché la guerra era scoppiata, ma noi italiani al momento ne eravamo rimasti fuori. Siamo arrivati in America il 16 settembre, era sabato, e siamo andati a stare nell'albergo più economico che abbiamo trovato, si chiamava Raleigh. Il lunedì ci hanno iscritti alla scuola pubblica. Io e mio fratello, però, non parlavamo inglese, ma tedesco e francese. Avevo sette anni e dovevo andare in seconda elementare, avevo già imparato l'aritmetica, ma mi retrocessero alla scuola materna. Una cosa terribile. Mi trattavano male perché non capivo niente.

«Mio padre, che in Italia era un medico cardiologo e aveva insegnato pur senza mai diventare professore, aveva una borsa di studio per stare sei mesi all'università di Yale. Il periodo cominciava a gennaio 1940, ma gli fu subito chiaro che lì non avevano nessuna voglia di avere gente come noi, e non ci permisero di arrivare nemmeno un giorno prima. Italiani, cattolici, ebrei, tutte cose che nella Yale di allora non erano apprezzate. La lettera che concedeva la borsa, a rileggerla oggi, era atroce. Un preside di qualche anno fa l'ha trovata e me l'ha fatta vedere. I miei genitori ce l'avevano tenuta nascosta perché per loro era umiliante. C'era scritto che mio padre non poteva insegnare, che di lui non si fidavano e si concludeva così: "E non crediate di poter restare più a lungo del termine previsto".

«Per più di quattro mesi siamo rimasti a New York, anche se facevamo la fame. Non avevamo soldi perché i miei nonni, pur essendo antifascisti, erano molto rispettosi delle regole e non avevano mai portato denaro fuori dal nostro paese. Il papà era riuscito ad avere il permesso di lasciare l'Italia dall'ambasciata americana in Belgio, ma era stato necessario avere un affidavit, qualcuno che garantisse economicamente per noi. Lo aveva fatto la moglie di un banchiere americano che stava aiutando la partenza di molti ebrei tedeschi.

«Lo fece anche per noi, convinta che avessimo soldi all'estero. Ma non era così: siamo arrivati in America senza un dollaro. Appena sbarcati, mia madre è andata a trovare questa signora, che abitava in una bellissima palazzina art déco che molti anni dopo sarebbe diventata la casa di Barbra Streisand, e le ha detto una cosa formalmente vera: i nostri soldi non sono ancora arrivati dalla Svizzera. Ma noi non avevamo nessun conto in nessuna banca svizzera, la sola verità era che papà aveva fatto delle lezioni e dovevano arrivargli 100 dollari. Allora lei ha tirato fuori un libretto di assegni e ha scritto la cifra di 25.000 dollari.

«Cosa si fa con un assegno di quell'entità se non si ha nemmeno un conto in banca? Lo abbiamo usato per farci prestare piccole somme, mostrandolo come assicurazione che li avremmo restituiti. E con questo stratagemma siamo riusciti a tirare avanti fino a gennaio, quando sono arrivati i 100 dollari e abbiamo restituito l'assegno alla signora: "Grazie, non ne abbiamo avuto bisogno". Vivevamo nel West Side, che allora era una zona povera e sporca, il cibo dell'albergo era indecente. Appena abbiamo avuto i primi soldi abbiamo scoperto gli "Automat". Erano ristoranti modernissimi, una cosa del futuro, dove non c'erano camerieri o cassieri e tutto era automatizzato. C'erano tante finestrelle, dietro ognuna delle quali c'era una pietanza: si mettevano 25 centesimi e usciva il piatto corrispondente. Mi sembravano buonissimi e per tre mesi ho mangiato sempre lo stesso tipo di pollo.»

Guido Calabresi ricorda e ride. Racconta con entusiasmo e anche le pagine più nere della storia diventano sopportabili grazie alla sua ironia. Il padre si chiamava Massimo, mentre la madre era una studiosa di letteratura e si chiamava Maria Finzi-Contini. Erano ebrei italiani, oltre che oppositori politici, e prima di decidere di lasciare l'Italia avevano provato tutte le umiliazioni e le violenze del fascismo.

Mi parla a lungo di suo padre, che aveva studiato medicina a Firenze, che frequentava la casa di due fratelli, Carlo e Nello Rosselli (uccisi dai fascisti in Francia nel 1937), che ebbe vita difficile, venne bastonato, arrestato per aver partecipato a una commemorazione di Matteotti, non diventò mai professore per la doppia colpa di essere ebreo e oppositore politico, e infine venne espulso dall'università con le leggi razziali.

Siamo seduti nella hall di un albergo milanese, Guido ha appena inaugurato l'anno accademico all'Università Cattolica, gli hanno conferito una laurea *honoris causa*. Quel bambino che era stato rispedito all'asilo ne ha ricevute oltre sessanta nella sua lunga vita. Guido Calabresi oggi è uno dei più illustri giuristi americani. Insegna ancora alla Yale Law School, di cui è stato il più giovane professore della storia, salito in cattedra a soli ventinove anni. Di quella scuola di legge è diventato poi preside, una cosa impensabile per un immigrato, e quattro giudici dell'attuale Corte Suprema sono stati suoi allievi. È anche giudice della Corte d'appello federale del secondo circuito, il più importante dopo quello di Washington; a nominarlo, nel 1994, è stato Bill Clinton.

Le nostre vite si sono incrociate a causa di uno scambio di persona dovuto a un'omonimia. Era l'inizio del giugno 2007, da alcuni mesi vivevo negli Stati Uniti come corrispondente da New York di «Repubblica», quando partii per il mio primo viaggio al seguito di George W. Bush. Decollammo verso l'Europa dalla base militare di Andrews, in Maryland, con un aereo chiamato Air Press One (un nome di fantasia che indica il Boeing che trasporta i giornalisti e che segue l'Air Force One, il jet presidenziale) per la prima tappa del viaggio che avrebbe portato il presidente al G8 di Heiligendamm, in Germania.

Ai piedi della scaletta, prima di salire, distribuirono una mappa con i posti a sedere: era l'organigramma del potere dell'informazione. I dieci posti di prima classe erano assegnati ai giornalisti dei cinque network televisivi, a quelli delle quattro grandi agenzie internazionali e, a rotazione, al «New York Times» o al «Washington Post». La business class era riservata ai settimanali «Time» e «Newsweek», agli altri giornali americani, alle radio e ai più importanti media europei o asiatici. Io, naturalmente, ero in economica, insieme agli agenti del servizio segreto.

Atterrammo a Praga e ci portarono in un bell'albergo, dove l'organizzazione distribuì i pass per seguire il discorso di Bush e le chiavi delle stanze. Notai che, sul cartoncino della mia, il nome era sbagliato: Massimo anziché Mario. Lo segnalai alla reception, si scusarono per l'errore e una gentile signora disse: «È certamente la sua, quanti M. Calabresi vuole che ci siano in viaggio con la Casa Bianca?». Allargai le braccia e presi l'ascensore.

La mia camera era all'ultimo piano: una grande suite con il salottino e una vista incredibile sulla città. Non potevo credere ai miei occhi, la mia avventura di giornalista al seguito del presidente americano iniziava nel migliore dei modi. Mi lavai la faccia. Presi una Coca-Cola dal frigo bar e mi sdraiai sul letto a ragionare sul primo pezzo che avrei voluto scrivere; pensai che sarebbe valsa la pena raccontare il circo che segue i viaggi dei presidenti, con tutti i riti, le manie e le stranezze. Avevo scoperto che l'aereo dei giornalisti era chiamato «lo zoo volante» e dopo il volo sull'Atlantico avevo capito perché: nessuno aveva spento il telefono e tutti avevano continuato a parlare finché il segnale non era svanito nel cielo, molti erano rimasti in piedi al decollo, tutti bevevano all'open bar, ogni occasione era buona per fare un brindisi, c'era una specie di lotteria a cui ognuno doveva partecipare mettendo in una scatola un biglietto da 20 dollari su cui scriveva a pennarello il numero del proprio posto (il premio da 1400 dollari lo avrebbe vinto un giornalista della Tv tedesca), mentre i giganteschi agenti del Secret Service vendevano i gadget del viaggio, tra cui la maglietta blu con lo stemma del presidente a 25 dollari.

Intanto che immaginavo il mio pezzo, qualcuno suonò alla porta. Mi alzai e andai ad aprire: c'erano due persone, la signora della reception e un funzionario della Casa Bianca. Avevano le facce serie, poi l'americano mi chiese con tono fermo di mostrargli il mio pass (il passaporto lo avevo dovuto consegnare proprio a loro alla partenza e mi sarebbe stato restituito solo all'atterraggio alla base militare di Andrews), lo guardò e disse: «Lei si chiama Mario, non Massimo. Questa è la stanza di Massimo Calabresi, il corrispondente di "Time Magazine"». Imbarazzato, dissi che sapevo di chiamarmi Mario e che l'avevo anche fatto notare, ma lui mi trattò come il classico italiano che aveva cercato di fare il furbo. Aspettarono sulla porta che prendessi la mia valigia, io cercai di sistemare il copriletto e pensai con un po' di vergogna che avevo già usato il letto e il minibar. Li seguii e mi portarono nella mia vera camera, una singola al piano terra, con una finestra che dava sul cortile. La gerarchia era stata ristabilita, io ero stato rimesso in fondo alla fila. Quella sera, nel bar dell'albergo, venni raggiunto da un ragazzo alto e magro, che si presentò: «Sono Massimo Calabresi, sono molto dispiaciuto che ti abbiano fatto cambiare stanza, posso offrirti una birra?».

Chiacchierammo a lungo e mi raccontò la storia della sua famiglia, curioso di capire se ci fosse qualche parentela. Non ne trovammo nessuna, ma restammo in contatto e si ripromise di presentarmi suo padre: «Lo devi conoscere, è un uomo eccezionale che può raccontarti mille storie».

Aveva ragione, sono passati anni da quel giorno praghese ma quest'uomo piccolo e con il pizzetto, come si usava quando lui era bambino, è pieno di vita e di fascino. Quanto mi sta raccontando contiene molte risposte all'idea che si debba subito imboccare la strada giusta, e la sua storia è la dimostrazione che ci sono opportunità che possono aprirsi anche quando meno ce lo aspettiamo.

«Ricordo l'arrivo a New Haven, in Connecticut, a gennaio. Avevo imparato un po' di inglese con l'aiuto della mamma e finalmente ero stato ammesso in seconda elementare. La cosa più divertente fu la ricerca della casa: l'agente immobiliare prima ci portò a vedere Wooster Square, dove abitavano gli italiani, poi Westville, dove abitavano gli ebrei, poi nella zona dove abitavano i cattolici. Alla fine, però, quelli della facoltà di medicina dissero al papà: la vostra appartenenza etnica è "Yale", quindi dovete andare ad abitare in una zona dove vivono i ricercatori, gli assistenti e i professori più giovani dell'università. Ancora oggi è così. Noi eravamo gli unici non "Wasp" del quartiere, ma essendo lì siamo finiti in una scuola pubblica molto buona e il mio colpo di fortuna si realizzò alle scuole medie. Nel quartiere c'era una piccola scuola privata, quasi interamente femminile, dove insegnavano le mogli e le figlie dei professori dell'università, cui, allora, era vietato lavorare a Yale. Volevano avere anche degli alunni maschi e la direttrice, che era inglese, vedeva di buon occhio i bambini europei: così mi diedero una borsa di studio. In quella scuola nel 1944, mentre ero in seconda media, ho conosciuto mia moglie: aveva dieci anni e delle trecce rosse bellissime. Lei mi notò perché ero diverso dagli altri, diceva che ero buffo, vestito da italiano. Siamo diventati amici e poi abbiamo iniziato a uscire insieme.»

Sono passati ottant'anni, ma lui parla di lei ancora con incanto, pieno d'amore: «Anna è una persona notevole: io quando ho un'idea la scrivo, lei quando ha un'idea fa qualcosa. Tutte le iniziative più importanti create a New Haven per chi ha bisogno sono partite da lei: è infaticabile nell'aiutare gli altri. La famiglia di suo padre è la più antica di New Haven, forse per questo sente che deve prendersi cura della città. A casa invece ci siamo divisi i compiti: se c'è qualcosa che non funziona di idraulico è colpa sua, se ci sono problemi elettrici è colpa mia. Ci siamo sposati "da vecchi", io avevo ventinove anni e lei ventisette, adesso saremmo considerati giovani, ma allora era tardissimo, tanto che il presidente dello Smith College, che era molto amico della famiglia di Anna, le aveva chiesto di andare a parlare alle sue studentesse per spiegare loro che se non si è fidanzati quando ci si laurea non è la fine del mondo».

Penso spesso che una delle cose più preziose da imparare nella vita sia come invecchiare bene, come mantenere la curiosità, e mentre guardo quest'uomo di novantadue anni che trasmette entusiasmo e simpatia, che è un vulcano di idee, mi chiedo se ci sia un segreto. «No, non ci sono meriti, contano tanto il Dna e la fortuna. Un ramo della mia famiglia si ferma sempre intorno agli ottant'anni, un altro, invece, arriva a grandi età, e più invecchiano più diventano feroci. Ricordo una mia cugina che era tremenda: a cent'anni giocava ancora a carte ogni giorno e non sopportava di perdere a bridge. Io non ho mai smesso di lavorare: fino a ottantanove anni ho insegnato due terzi del tempo e ho fatto il giudice due terzi del tempo. È chiaro che la matematica in questo caso non sta in piedi, ma era il mio modo di vivere. Adesso sono un po' più tranquillo, insegno per un terzo del tempo e faccio il giudice per due terzi. Non è che non abbia problemi di salute, ho un cancro molto lento per cui devo fare una terapia ogni settimana, ho imparato che per quel giorno sono fuori gioco e sto tranquillo, ma mi piacciono talmente tanto le cose che faccio che cerco di pensare solo a quelle. Forse la vera risposta sul mio segreto è che mi diverto.»

VII
La fiducia

Mi è sempre piaciuto intervistare chi ha molto vissuto, perché mi sembra che nelle parole dei vecchi si possano trovare, spesso, indicazioni preziose per tutti. Non perché il passato fosse un tempo migliore, ma perché immagino che nella loro cassetta degli attrezzi ci siano gli strumenti che ci servono per costruire il futuro.

Io sono cresciuto con mia nonna Maria e l'ho ascoltata per anni; ho chiamato lei quando in un paesino del Tennessee cominciai ad avere forti dolori all'addome. Mi fece fare un paio di test (tipo sollevare una gamba e restare in equilibrio sull'altra) e poi mi disse: «Mi sa che è appendicite, prendi il primo volo per New York e vai subito in ospedale». Avevo chiamato lei, che era laureata in economia e non in medicina, perché con 7 figli e 21 nipoti aveva accumulato tanta esperienza della vita da essere medico onorario.

Ogni pomeriggio si sedeva sulla sua poltrona preferita e restava in silenzio per una mezz'ora. Pensavo dormisse oppure pregasse, invece scoprii che non faceva né una cosa né l'altra: «Penso. Mi piace fare viaggi nella memoria. Finché le cose le ricordi, allora sono vive e restano con te».

Non si è mai lasciata andare, aveva metodo e rigore: si alzava sempre alla stessa ora, si preparava la colazione, rifaceva il letto, si lavava, si vestiva e si metteva a lavorare. Anche passati i novant'anni. Anche quando un lavoro non l'aveva più da tempo. Si inventava qualcosa da fare, per tenere la testa in allenamento.

Non aveva rimpianti, forse nostalgie, ma non le confessava mai, e non idealizzava il passato. Alle sue amiche che parlavano di quanto fossero belli gli anni Trenta ricordo di averla sentita dire: «Non potete rimpiangere un tempo faticoso, in cui non avevamo il frigorifero, le case erano malamente riscaldate, facevamo chilometri in bicicletta, anche con la pioggia e la neve, e c'era il fascismo. Voi non rimpiangete gli anni Trenta, voi rimpiangete i vostri vent'anni».

Ogni giorno cucinava per il pranzo e la cena, la cosa che amava di più era farsi «il risottino», il suo preferito era con i funghi. Almeno una volta all'anno ripeteva i gesti della sua tradizione: alla fine dell'estate preparava una teglia di pesche ripiene con il cioccolato e gli amaretti, ripetendo sempre che si potevano usare solo le pesche di vigna, nel cuore dell'inverno invece si prendeva il tempo necessario a fare la finanziera, un piatto tipico piemontese con le frattaglie di pollo e vitello. Cucinava per condividere, ma soprattutto per sé, aveva imparato una lezione fondamentale: bisogna essere gentili con gli altri ma prima di tutto con se stessi. Così si versava un bicchiere di Arneis, il suo vino bianco preferito, uno a pranzo e uno a cena.

Con mio nonno si erano conosciuti nel 1935 e la loro vita era stata piena di incidenti di percorso, li ho tutti davanti agli occhi e li sento nei racconti delle loro voci: la pandemia del 1919 che fece strage nelle loro famiglie; il fascismo che tolse il lavoro al padre di mia nonna, la cui colpa era di essere un ottimo capo officina alla Fiat che rifiutava la tessera del partito; la guerra. Si sposarono nel gennaio 1940, poi lui venne mandato al fronte nei Balcani e nei primi cinque anni di matrimonio il loro tempo insieme si poteva contare nella misura di qualche settimana. Dopo l'8 settembre il nonno finì in un campo di prigionia tedesco vicino a Norimberga, fece letteralmente la fame. Alla fine della guerra avevano la casa completamente distrutta, colpa di una bomba inglese dell'estate del 1943, nessun lavoro, tre bambini piccoli e una quarta, mia madre, in arrivo.

Le loro lauree in economia non valevano molto, in mezzo a quelle macerie: bisognava arrangiarsi e inventarsi qualcosa di nuovo. Prima della guerra il nonno lavorava come rappresentante per un'azienda di tessuti, ma ora non c'erano più né il lavoro né l'azienda.

Trovarono in un magazzino delle coperte militari verdi, di un tessuto pesantissimo, non servivano più a nessuno e il nonno ebbe l'idea di trasformarle. Non aveva i soldi per comprarle, ma si fece prestare la somma necessaria da un ex collega, poi con un gruppo di sarte ne fecero una serie di cappotti. Quando il nonno provò il primo, era talmente spesso e pesante che non riusciva nemmeno ad alzare le braccia. La nonna era sconsolata, pensava che avessero buttato i soldi ricevuti in prestito, ma lui, che aveva una certa capacità di convincere le persone – un giorno quella dote l'avrebbero chiamata marketing –, si inventò una presentazione in cui diceva che quel cappotto era come una coperta, era l'ideale per il primo freddissimo inverno del dopoguerra e fu talmente convincente che riuscì a venderli tutti. Era il loro primo passo in una vita nuova che li avrebbe portati da Torino a Milano, a creare insieme un'azienda tessile, a vincere un Oscar della moda, a comprare il prato di montagna da cui si vedeva il Monte Bianco e su cui si erano sdraiati la prima volta che si erano presi una vacanza dopo la guerra.

Nulla di tutto ciò era stato immaginato o programmato, il fiume della loro vita trovò il suo spazio giorno per giorno. Gli incidenti di percorso continuarono, per molti mesi la nonna ebbe una paralisi, causata da un'embolia, poi il terrorismo fece irruzione in famiglia con il suo carico di lutto e di dolore, la crisi dei primi anni Settanta li mise in ginocchio e dovettero vendere gioielli e proprietà per restare in piedi, ma non si persero mai d'animo. Trasmettevano un senso potente di fiducia nelle cose, e anche un certo fatalismo.

Avevano un piccolo rimpianto, che rimase silenzioso a lungo ma era ben presente dentro di loro: quello di «aver perso» i primi cinque anni di vita insieme dopo il matrimonio, gli anni della guerra. Gli sembrava ingiusto non aver avuto la possibilità di fare, come diceva lei, «gli sposini»: di costruire insieme la casa e la famiglia. Quando superarono i sessantacinque anni, decisero che era venuto il momento di recuperarlo, quel tempo, e di fare una luna di miele tardiva: affittarono un piccolissimo appartamento sul lago, a un'ora da Milano, lo chiamarono «il nido» e tutti i venerdì sera partivano, solo loro due. Qualche volta mi portavano con loro e ogni sera e ogni mattina li sentivo chiacchierare – quando faceva buio parlavano tra loro in piemontese, la lingua della loro giovinezza e della tradizione – e ridere spensierati. Ridevano molto e si prendevano in giro con tenerezza. Quando finì il quinto anno, il nonno ebbe un ictus e a soli settantadue anni ci lasciò.

VIII

La coscienza

Marcello non ha nessun account social, forse si era iscritto a Facebook, ma non lo ha mai usato, niente Instagram e solo un breve incontro con Twitter, quando già era diventato X. Gli chiedo se non si senta tagliato fuori.

«Fuori da cosa?»

«Dal dibattito, dal flusso, dalla conversazione» rispondo, ma mentre glielo dico mi rendo conto, con un po' di imbarazzo, che quel flusso di conversazione che a me sembra fondamentale è proprio ciò che consuma le mie giornate e le rende un po' sterili e ripetitive. «Non so se sono tagliato fuori perché non so cosa ci sia dentro, e allora vivo sereno, non mi sembra di perdermi qualcosa di epocale.»

Siamo seduti nel suo ufficio all'ospedale Sacco di Milano, Marcello Massimini è professore ordinario di fisiologia umana, con il suo team ha contribuito a spiegare alcuni meccanismi che regolano la coscienza in diversi stati come il sonno, l'anestesia, il coma, e ha messo a punto dei sistemi molto sensibili per rilevare la coscienza anche in pazienti che hanno subito delle gravissime lesioni cerebrali. Ogni volta che ci incontriamo mi racconta qualche storia sorprendente su quello che accade nelle nostre teste.

Io e Marcello ci conosciamo da quarant'anni, dalla mattina in cui nell'aula magna del liceo Cesare Beccaria di Milano fecero l'appello delle classi quarte ginnasio. Noi finimmo nella sezione E, ci mandarono nella sede distaccata, che era vicina al Parco Sempione. Nel corridoio c'era puzza di sigaro e, fuori dalla classe accanto alla nostra, un posacenere. Lo usava un professore di italiano, greco e latino, un personaggio affascinante e originale, che non interrogava mai di lunedì se il giorno prima aveva vinto l'Inter; si chiamava Roberto Vecchioni. Il nostro professore, invece, leggeva i *Promessi sposi* ad alta voce, camminando avanti e indietro per la classe, per due ore, ogni sabato mattina; si chiamava Franco Falchetti e sento ancora la sua voce che parla di Don Rodrigo.

Il più bel ricordo che ho di quei cinque anni non nasce tra i banchi ma fuori: è la grande nevicata del 1985. Milano era completamente ferma e trasformata, per una volta si arresero tutti all'impossibilità di lavorare e la scuola rimase chiusa. Ma la mia classe decise di riunirsi lo stesso: per condividere le notizie, prima dei gruppi whatsapp, c'erano le catene telefoniche e così ci trovammo tutti insieme a fare a palle di neve sotto l'Arco della Pace.

Io e Marcello siamo stati compagni di banco per tutto il liceo, abbiamo perso tantissimo tempo insieme e, quando saltavamo la scuola, andavamo a casa sua a guardare i film o a giocare a tirare i rigori con la palla di spugna in salotto. Lui era bravissimo in latino, greco e filosofia, e così sua madre, tranquillizzata dai suoi bei voti, non diceva niente, ci dava ospitalità e copertura. Ci cacciò soltanto quando la palla di spugna centrò un vaso cinese mandandolo in pezzi.

Ai tempi dell'università stavamo a parlare sotto casa mia o sotto casa sua (dipendeva da chi era riuscito ad avere la macchina dai genitori) fino a notte fonda. Lui studiava medicina e lo affascinavano i meccanismi del cervello. Dopo la laurea è andato a specializzarsi in Canada e poi negli Stati Uniti, in Wisconsin. Ci è rimasto per sei anni. Una volta all'anno andavo a trovarlo insieme a Enzo, il terzo compagno di banco dell'ultima fila, che invece studiava farmacia. Sceglievamo l'autunno perché lo spettacolo del foliage era di una bellezza imperdibile e perché non faceva ancora troppo freddo.

Ogni volta che ascolto i suoi racconti su tutto ciò che sta nella nostra testa penso, per assurdo, allo spazio infinito, alle stelle, ai pianeti, alle galassie: il nostro cervello è immenso anche se sta in quei pochi centimetri della scatola cranica. C'è un mondo meraviglioso e affascinante dietro i nostri occhi, ma se ne parla pochissimo e lo diamo per scontato.

Mentre lui parla, il mio telefono, che è sempre in modalità silenziosa, si illumina quattro o cinque volte per segnalare delle notifiche. Cerco di resistere e non guardare, lui se ne accorge e mi dice: «Sai che quello che senti, quel desiderio di prendere in mano il telefono è una dipendenza? E non è nemmeno tanto diversa da quella che creano il gioco e la cocaina».

Non ho competenze mediche, ma lo sospettavo: appena abbiamo un istante libero, sfioriamo lo schermo del telefono e ci diamo una scossa di stimoli (mail, WhatsApp, Instagram) ognuno dei quali dura un secondo e non lascia quasi mai traccia. E non ci capita solo quando non siamo impegnati, ma anche mentre facciamo altro e quell'altro non ci soddisfa più.

«È un'epidemia collettiva, e te lo dico partendo da me: io sono schiavo della triade WhatsApp, Gmail, "Corriere". Anche nei momenti meno opportuni, mentre parlo con qualcuno, mentre sono sul palco di un congresso o durante una riunione, non resisto e faccio il giro per controllare se ci sono novità, se mi sono arrivati messaggi, mail e qual è l'ultima notizia. Mi rendo conto che ho bisogno di ripetere quel gesto, perché mi gratifica, mi regala una piccola soddisfazione» dice Marcello.

Prova a spiegarmi cosa accade nelle nostre teste, non lo fa da un punto di vista comportamentale o psicologico, ma «dal punto di vista di un elettricista» che studia quell'oggetto straordinario che è il cervello: «Abbiamo dentro di noi un circuito molto potente e profondo che rilascia dopamina quando raggiungiamo un obiettivo, ricompensandoci con un senso di soddisfazione».

È un sistema che serve a fissare l'associazione tra un gesto e la sua riuscita, e a guidare le nostre azioni e le nostre motivazioni per finalizzarle a obiettivi e cose utili. «Ma questo sistema può essere dirottato. Un esempio estremo è rappresentato da un famoso esperimento di laboratorio: ad alcuni topi era stato messo un elettrodo in una zona che rilascia dopamina, per attivarlo dovevano toccare una leva che comandava la scarica elettrica. Messo di fronte a due leve, una che forniva cibo e acqua e l'altra la scarica di dopamina, il topo schiacciava sempre e continuamente quella della dopamina, finendo per morire di fame.»

L'esperimento è stato fatto anche con gli esseri umani, con pazienti che avevano depressioni molto gravi. Nella letteratura medica si racconta una storia accaduta in Germania a metà degli anni Ottanta. Nel cervello di un uomo di trentatré anni con una forte depressione e un disturbo ossessivo compulsivo grave venne impiantato uno stimolatore della dopamina, capace attraverso le scariche elettriche di abbassare l'ansia e creare una sensazione di benessere. Il problema, dopo alcune settimane, fu che il paziente chiedeva di alzare continuamente il livello delle scariche e della stimolazione, e di fronte al diniego dei medici scomparve e continuò a gestirsi da solo. In un libro uscito alcuni anni fa (si intitola *The Pleasure Shock* e lo ha scritto la giornalista scientifica danese Lone Frank) si racconta di una donna americana a cui era stato applicato un impianto per aiutarla a ridurre delle insopportabili emicranie. Il problema anche qui fu l'uso continuo e sconsiderato che la paziente cominciò a fare delle stimolazioni, cercate non più solo per ridurre il dolore ma anche per provare piacere. La famiglia la portò in ospedale dopo che aveva perso ogni altro interesse che non fosse la stimolazione. Non si lavava, mangiava sempre meno ed era completamente disinteressata ai familiari e ai rapporti umani.

«Le slot machine in un bar sono pensate per massimizzare il rilascio di dopamina che avviene quando tiri la leva, mentre sei con il fiato sospeso nell'attesa della ricompensa. Questa soddisfazione ti incatena e non importa se bruci il tuo denaro, la tua vita o le tue relazioni, la dipendenza ti riporterà a tirare quella leva. Nello stesso modo, ogni volta che apri Instagram o TikTok non sai cosa ci sarà, ti crea piacere l'attesa della sorpresa e l'algoritmo è costruito per soddisfarti con qualcosa che sa che ti piace e con qualcosa di nuovo. Ti crea istantanea soddisfazione e poi astinenza. In questo caso non si mangia i soldi, ma il tuo tempo e la tua attenzione. Questa dipendenza sarà tanto più profonda via via che gli algoritmi miglioreranno e saranno ottimizzati per attirare la nostra attenzione e farci rilasciare dopamina.»

Marcello parla e io ci immagino come criceti sulla ruota. Questo libro è cominciato proprio alla fine del convegno organizzato da lui ed è fuori da quell'aula che la sua studentessa mi ha fermato e parlato. Sono tornato per capire quanto tutto ciò che mi sta raccontando c'entri con le ansie di quella ragazza e se dentro la nostra scatola cranica si possano cercare delle risposte o perlomeno dei rimedi.

«Dobbiamo partire dal mondo in cui siamo immersi, che è sempre più veloce. Riceviamo stimoli continui a cui è richiesto di dare risposte immediate. Questo è un vincolo feroce che ci impone di agire più rapidamente rispetto al tempo del costruire.» Il «tempo del costruire» è quello necessario a farci un'idea di ciò che abbiamo intorno, in cui mettiamo a fuoco i nostri desideri e i nostri bisogni, è il tempo della conoscenza.

«Se guardiamo come funzioniamo, abbiamo tutte le risposte: il cervello ha bisogno di tempo, gli serve per elaborare le informazioni e avere coscienza delle cose. Anche se parliamo di frazioni di secondo, possiamo dire che il cervello non vive nel presente: prende indizi che arrivano in tempi diversi e li deve mettere insieme per farsi un'idea, per creare un mondo interno. Per esempio, solo per mettere insieme tutti i dettagli visivi necessari a riconoscere un volto ci vogliono centinaia di millisecondi. Dobbiamo essere sempre un po' in ritardo sulla realtà se vogliamo essere pienamente coscienti di ciò che ci circonda. A volte, il nostro cervello deve aspettare ancora di più. Lo deve fare per imparare in modo contestuale: ogni volta che il cervello impara una cosa nuova, la mette nel contesto di tutto quello che sa già, e questo le macchine, anche le più incredibili e avanzate, non lo fanno.»

Eliminare ogni tempo vuoto, ogni attesa e ogni respiro non è la nostra partita ma quella delle macchine, che non dormono mai: «È proprio quel sonno, quella capacità di staccare che fa della nostra testa la macchina migliore e più affascinante. Dormiamo un terzo della nostra vita: uno spreco impensabile, in un'ottica di efficienza, ma quel tempo serve a fare pulizia di tutte le informazioni che non ci servono, per salvare, invece, le cose che abbiamo imparato».

Quando parla di sonno, Marcello è felice, sono anni che lo studia, che fa esperimenti e li pubblica (spesso lo prendo in giro dicendogli che si era portato avanti nelle sue ricerche già ai tempi della scuola, quando era il teorico massimo dell'importanza del pisolino), e le sue lezioni partono sempre da una domanda: non è irrazionale che l'evoluzione abbia selezionato una cosa così «pericolosa» come dormire?

«Quando il cervello è disconnesso, non siamo in grado di agire, non rispondiamo agli stimoli e siamo immobili: nel mondo feroce in cui da millenni viviamo questo è incomprensibile, ci mette a rischio. Eppure, lo fanno tutti: dormono i moscerini, le seppioline, il polpo, gli animali a sangue freddo, quelli a sangue caldo, i piccoli, i grandi, quelli che vivono in casa, quelli in via di estinzione, gli uccelli, i capodogli, e dormiamo noi. È una cosa così necessaria che anche in quei casi estremi in cui l'animale deve sempre muoversi, come il delfino che va su e giù per respirare, la natura ha trovato una soluzione: mette offline un emisfero cerebrale alla volta. A turni di un'ora e mezza alla volta fa dormire mezzo cervello. La stessa cosa la fanno gli uccelli migratori: nello stormo c'è chi tiene sveglio l'emisfero destro e dorme con il sinistro, mentre chi gli vola accanto fa il contrario, così che il gruppo possa monitorare pericoli esterni e direzione. Così il cervello per alcune ore al giorno ci lascia, e si mette a fare questa cosa. Una perdita di tempo. Ma perché lo deve fare? Ti anticipo la risposta: perché senza dormire non c'è sapere.

«Quando dormiamo, il cervello si stacca dal mondo e lo fa bloccando la porta d'ingresso, che si chiama talamo. La corteccia cerebrale rimane libera da stimoli esterni, svincolata, ed è quello che il cervello cerca tutte le notti. Poi inizia a generare un'attività interna in cui tutti i neuroni si alternano: accesi-spenti. Migliaia di onde elettriche lente, una al secondo, invadono il cervello e iniziano a fare il loro lavoro. Sono come le onde del mare che arrivano su una spiaggia dove c'è un bellissimo castello di sabbia con torri perfette e intorno pasticci mal riusciti. Le onde cancellano tutto quello che c'è intorno ma salvano le costruzioni più solide e robuste.»

Mi spiega che ogni giorno il nostro cervello cambia forma e si modifica: «Il cervello è fatto di connessioni tra neuroni, che si chiamano sinapsi; quando ci svegliamo la mattina le connessioni hanno un certo peso e una certa forza, poi inizia una giornata di incontri, di cose viste, ascoltate, in cui si studia, si prendono decisioni, si ricordano fatti. Alla fine della giornata ricordiamo centomila cose, molte inutili, alcune significative, le sinapsi che già esistevano si sono rafforzate e se ne sono create di nuove. Ma le sinapsi occupano spazio e il nostro cranio non è estensibile, se andiamo avanti senza dormire, il processo diventa insostenibile: se saltiamo una o due notti di sonno, arriviamo alla saturazione con enormi problemi cognitivi e il calo delle capacità».

Penso a quante volte ho incontrato persone che si vantano di dormire pochissimo, di lavorare senza sosta, e questo è presentato come una dote straordinaria, invece è chiaro che avviene a scapito della lucidità.

«Ecco allora che abbiamo bisogno delle onde lente, che abbassano il peso delle sinapsi, e la mattina dopo ci si sveglia con un cervello diverso che si è pulito, si è alleggerito ma ha imparato ciò che era importante e rilevante. Più onde lente si producono mentre dormiamo, più migliora la performance quando ci si sveglia.» E qui mi racconta un esperimento condotto su un gruppo di giocatori di Tetris, il videogioco in cui i blocchetti che cadono dall'alto vanno incastrati fra loro: «Per un determinato tempo ogni nuovo giocatore migliora il punteggio, poi si blocca e comincia a ripetere gli stessi errori. Allora gli chiediamo di dormire: più onde elettriche si ripeteranno nel suo cervello e più alto sarà il punteggio quando riprenderà a giocare. È incredibile vedere come il cervello, durante quel sonno, apprenda come fare meglio e corregga gli errori».

La lezione va avanti per quasi tre ore, mi parla dell'intelligenza artificiale che è dentro di noi: il cervelletto, che comanda le reazioni immediate. «Il cervelletto è quello che ci fa sopravvivere, schivando un oggetto, un ostacolo, prendendo al volo qualcosa che sta cadendo. È quello che permette a Sinner di rispondere al servizio di Alcaraz, perché abbiamo nella nostra testa una calcolatrice velocissima che accumula dati nel tempo e così fa predizioni e anticipa la realtà. Però il cervelletto non ha coscienza: per essere veloce paga il prezzo dell'incoscienza.»

Mi racconta ancora di Thomas Edison, l'inventore per eccellenza, con oltre mille brevetti a suo nome, e mi mostra una foto fantastica scattata nel luglio 1921 in cui lo si vede fare un sonnellino sotto un albero mentre è in campeggio con il presidente degli Stati Uniti Warren Harding, che nel frattempo legge il giornale. Edison sosteneva che quando non riusciva a risolvere un problema si metteva in poltrona con due sfere di marmo in mano e chiudeva gli occhi. Non appena si addormentava, le mani lasciavano andare le sfere che, cadendo sul pavimento, lo svegliavano e in quel momento aveva regolarmente l'intuizione risolutiva.

«Questa storia sembrava qualcosa di aneddotico, di non scientifico, invece è stata pubblicata recentemente una ricerca che ha ripetuto più volte l'esperimento, sottoponendo una serie di pazienti a dei quesiti matematici con diverse soluzioni, ed è stato confermato che chi si addormenta brevemente, entrando nello stato intermedio di disconnessione, poi riesce a trovare la soluzione più corretta.»

Questa idea che si debba essere capaci di staccare, di spegnere per un momento il nostro cervello, ma anche solo di prendersi tempo mi fa pensare a uno dei miei scrittori preferiti, Fernando Aramburu, l'autore di *Patria*, tra i libri che amo di più. Un giorno mi ha raccontato del suo processo creativo: scrive molte ore al giorno guardando un grande cactus che ha davanti alla scrivania, immagina che sia un suo lettore e gli parla. Ma ogni volta che si blocca, che non riesce ad andare avanti, a salvarlo ci pensa Luna, la cagnolina che sta sempre ai suoi piedi. Quando è stanco, quando è finita l'ispirazione, quando si sente bloccato, esce a fare una passeggiata con Luna, libera la testa e ritrova il filo della scrittura.

IX

L'essenzialità

Della prima foto ricordo un cane bianco e nero a pelo corto, alto quasi come la bambina sdentata con la cartella e il fiocco in testa. Intorno ci sono altre tre persone e sono davanti al portone di un palazzo. So che è stata scattata a Torino e che la bambina era mia nonna Maria. Poteva essere il 1920.

La seconda è stata scattata nella primavera del 1940, poche settimane prima che l'Italia entrasse in guerra. Si vedono due giovani affacciati al finestrino della carrozza di un treno, lui è alle spalle di lei e ha la giacca e la cravatta, lei ha un cappellino bianco e un vestito chiaro a righe sottili. Sorridono leggermente, sono sereni e so che stanno andando a Roma in viaggio di nozze. Una luna di miele ritardata, perché si erano sposati a gennaio.

La terza è la più intima e felice, si vedono sei adulti seduti a tavola, tre donne e tre uomini. Due fratelli che hanno sposato due sorelle e i genitori dei due uomini. Il padre sta versando il vino al figlio – mio nonno Mario –, che ha ancora la magrezza della prigionia in Germania. Un gesto che indica che la guerra è finita, che si ricomincia a vivere. La nonna Maria è a capotavola ed è raggiante, accanto a lei un bambino biondo è seduto su una pila di coperte appoggiate sulla sedia per farlo arrivare all'altezza del tavolo. C'è grande serenità, guardandola si può immaginare il futuro che aspetta loro e l'Italia.

Ricordo queste foto perché erano in una scatola. Perché erano poche e piene di significato. Erano le foto importanti di mia nonna, le foto della sua vita. Il resto di quell'esistenza lo si immaginava attraverso i suoi ricordi e racconti.

Mia nonna c'è sempre nei miei libri e c'è sempre nella mia memoria perché l'ha riempita di colori, di immagini e di sensazioni. La più grande lezione che mi ha lasciato è che le cose, e le persone, esistono finché vengono raccontate.

Mia madre qualche anno fa ha preso tutte le fotografie che aveva e ha regalato a ognuno di noi figli un album con le immagini più significative. Saranno un centinaio a testa, e bastano e avanzano. Nel mio telefono, nel momento in cui scrivo, ci sono 47.500 foto e 3091 video, ma questi numeri sono così enormi che è come se non ci fosse niente.

Una notte, quando ero direttore della «Stampa», mi rubarono il computer che avevo lasciato in un cassetto della scrivania. Il mio dispiacere più grande era per le fotografie dei primi cinque anni di vita di Emma e Irene, le mie figlie. Non avevo fatto nessun back-up e non c'era il cloud. Avevo perso tutto, l'unica cosa che mi restava era un piccolo album che avevo fatto per le nonne quando le bambine avevano compiuto due anni, sedici pagine per una ventina di fotografie.

Qualche mese dopo il computer venne recuperato, era a casa dell'addetto alla manutenzione dell'aria condizionata che aveva sottratto parecchia altra roba in molti uffici. Felice lo accesi e andai subito alle foto. Ci rimasi malissimo nel vedere le immagini di un ragazzo a me sconosciuto al mare con la sua ragazza. Aveva cancellato le mie e messo le sue. Quel giorno realizzai che non c'era più speranza di recuperarle.

Sono passati una dozzina d'anni da quel furto e di quei primi anni di vita delle gemelle resta solo il piccolo album delle nonne, ma non ho più nessun dispiacere, anzi, va bene così: il manutentore mi ha quasi fatto un regalo. Irene ed Emma conoscono a memoria quelle immagini sopravvissute e la loro scarsità ne ha fatto qualcosa di grande valore che si porteranno dietro nella vita. Un oggetto prezioso da tramandare.

Nell'epoca della sovrabbondanza siamo comunque chiamati a scegliere, e farlo diventa sempre più difficile perché nell'infinito mare delle possibilità è facile perdersi. Quando la sera ci troviamo di fronte a Netflix, all'offerta sconfinata dei canali e delle piattaforme, ci sentiamo perduti. Vaghiamo come tra gli scaffali degli ipermercati, e l'immensità dell'offerta ci paralizza. A me capita di passare un quarto d'ora a cercare di capire cosa mi può interessare, e poi di spegnere senza guardare niente, o di passare sulla Tv generalista e fare il vecchio zapping dei canali, in cui navighi nel perimetro limitato del palinsesto; qualcuno ha deciso per te e ti propone la sua scelta, che sollievo, e tu hai solo due possibilità: dire sì o no.

Per non naufragare nell'eccesso di offerta è meglio trovare una bussola per navigare e orientarsi: la migliore sono i consigli. Chiedo spesso alle persone che incontro quale sia la loro serie preferita, se ci sia un film per cui valga la pena andare al cinema o un podcast da ascoltare. È un buon modo anche per capire affinità e divergenze di gusto. Di qualcuno so per certo che mi darà consigli sbagliati, ma anche questa è una bussola.

Sulla prima pagina cartacea del «New York Times», in un riquadro in alto a sinistra accanto alla testata, da oltre centoventicinque anni è stampato il motto del giornale: «All the News That's Fit to Print». Sette parole che sono un manifesto e attraversano il tempo: «Tutte le notizie che vale la pena stampare». È una dichiarazione potentissima che dovrebbero ripetersi ogni mattina tutti quelli che fanno i giornali e soprattutto che scelgono i contenuti per i siti: è assurdo pubblicare tutto ciò che ci capita tra le mani, bisogna dare spazio e importanza solo a ciò che ha un significato e un senso, a ciò che vale la pena divulgare.

Era il 1896 quando il direttore e nuovo proprietario della testata, Adolph S. Ochs, decise che quello sarebbe stato lo slogan con cui rilanciare il piccolo giornale che aveva rilevato a un'asta fallimentare. Il motto inizialmente servì a riempire un cartellone pubblicitario: era scritto con delle lampadine rosse e affisso in una piazza di Manhattan. Solo alcuni mesi dopo trovò il suo spazio sulla prima pagina. Era un modo per differenziarsi dalla grande stampa scandalistica che spopolava già allora, per dire che quello non era il luogo dove scaricare ogni pettegolezzo e ogni notizia che potesse fare rumore o attirare l'attenzione, ma un posto dove c'erano le cose che valeva la pena sapere. Mi sembra che dopo quasi centotrent'anni il tema sia di straordinaria attualità.

Quelle sette parole, però, ci dicono di più, implicano che qualcuno si prenda la responsabilità di scegliere, di selezionare, e di dire: secondo me questo è ciò che vale la pena leggere. Anche a rischio di perdere qualche lettore.

Diffido dei ristoranti che hanno un menu infinito, con venti primi e venti secondi, non è possibile che sappiano fare tutto bene, che tutto sia fresco, ma soprattutto: qual è la loro identità? Amo i posti in cui la scelta è limitata, meglio ancora se su una lavagna ci sono sei piatti, significa che in quelle poche alternative si giocano tutto, che presumibilmente le faranno bene.

Io, per l'imbarazzo di chi è a cena con me, in particolare della mia compagna Silvia che ogni volta si vorrebbe nascondere, chiedo sempre al cameriere cosa devo mangiare. Di solito mi guardano come fossi matto e rispondono: «In che senso?». Allora mi spiego: «Cosa devo mangiare da voi, qual è la vostra specialità, il piatto per cui siete famosi o per il quale la gente viene qui», e poi mangio quello che mi dicono. E sono quasi sempre contento.

Da quasi cinque anni scrivo una newsletter settimanale, si chiama Altre/Storie ed esce ogni venerdì mattina. È stato un mio piccolo modo per reagire alla fine della direzione di «Repubblica», nella mia «mattina dopo» lavorativa. Volevo ricostruire un filo con le storie, con un'idea di giornalismo che mi sembrava smarrita: quella di cercare le persone e di prendersi il tempo per ascoltarle. Sarebbero poi nati i podcast, come idea di approfondimento e di giornalismo lento.

All'inizio pubblicavo tre storie a settimana, mi sembrava giusto e bello dare ai lettori la possibilità di scegliere, di avere varie opportunità. Dopo alcuni mesi, feci un incontro con un gruppo di iscritti ad Altre/Storie, eravamo al teatro Carcano di Milano, e chiesi alla platea se pensasse che tre storie fosse il numero giusto. Si alzarono una selva di mani e una persona, poi applaudita da tutti, espresse alla perfezione quello che io non avevo visto: «La newsletter arriva per mail alle 6.30 di mattina, io la leggo mentre sono ancora a letto o mi tiene compagnia quando faccio colazione. Non ho tempo di leggere tre storie, spesso sono indeciso e finisco per non leggerne nessuna, oppure ne leggo una e poi penso che forse avrei dovuto leggerne un'altra. Sarebbe molto meglio se ne scrivesse una sola e ci dicesse: "Questa è la storia che ho pensato per voi questa settimana". E basta».

Il poeta Franco Arminio dice che «oggi essere rivoluzionari significa togliere più che aggiungere»; è il modo per uscire dalla vertigine del troppo, per restituire un senso e un gusto alle cose e ai gesti.

Anni fa lessi la provocazione di un critico d'arte che oggi non c'è più, Philippe Daverio, che diceva: «La gente di solito va nei musei e guarda 400 quadri in un'ora e mezza. I luoghi nei quali ci sono i quadri si chiamano pinacoteche, così come esistono i luoghi nei quali ci sono i libri, e si chiamano biblioteche. Però nessuno va in biblioteca per leggere tutti i libri, piuttosto ne prende uno, al massimo due. Uno che va in una pinacoteca dovrebbe andare a vedere uno o due quadri al giorno. Avrebbe così il tempo di capire». Oggi quelle parole non mi sembrano più una provocazione ma un consiglio prezioso: quando visito una mostra, faccio un primo giro per avere un'idea di quello che è esposto, poi faccio un secondo giro e mi fermo a guardare le cose che mi attraggono; prima di andare via, riguardo una o due opere e sono loro quelle che mi porterò a casa nella memoria.

Prima di scrivere questo libro ho tentato un esperimento: stare un mese senza ordinare niente su Amazon e tenere un diario di tutti gli acquisti che non ho fatto online. L'idea era quella di dare un valore e un significato a ogni cosa che si compra.

Il primo giorno avevo bisogno delle cartucce della stampante, ho pensato che non avesse alcun senso che uscissi, ma non potevo derogare proprio all'inizio del mio esperimento. Ho cercato un rivenditore, ho visto che era a meno di un quarto d'ora e ci sono andato a piedi. L'esperienza dell'andata è stata scoprire che nel giardinetto di fronte a un noto teatro c'erano i topi, al ritorno, invece, si è messo a piovere e io ero senza ombrello. Diciamo che in quel momento ho invocato il dio dell'e-commerce e delle consegne a casa, ma se sono qui a scriverne significa che quella passeggiata ha lasciato un segno nella mia memoria.

Il secondo giorno dovevo procurarmi un libro che era uscito da qualche anno, ho preso la metropolitana e sono andato alla libreria Hoepli, poco lontano dal Duomo. La direttrice era una mia compagna di università e insieme avevamo studiato storia dell'arte. Mi ha trovato il libro che cercavo, ma prima di uscire mi ha convinto che ce n'erano altri tre che assolutamente non dovevo perdermi, libri che non avrei mai scoperto se non mi fossero stati consigliati.

In una cartoleria dove sono andato a prendere una risma di carta ho chiacchierato con una signora simpaticissima con due cani che segue la mia newsletter, poi – leggo nel diario che ho tenuto di questo piccolo esperimento – c'è stata l'uscita per comprare le lamette da barba ma di quella non ricordo nulla, mentre grazie a un paio di cesoie da giardino ho ritrovato un mio compagno di squadra di basket dei tempi delle medie.

Sono uscito per comprare gli occhialini nuovi da piscina e lungo la strada ho scoperto che ha chiuso un negozio che vendeva vestitini per bambini e le cui vetrine mi facevano una gran tenerezza, mentre ha aperto l'ennesimo rivenditore di cibo per cani e gatti: una coincidenza che non mi stupisce.

Ogni volta – anche questo è un consiglio di Franco Arminio – ho provato a fare strade diverse dalle mie solite, così ho scoperto un nuovo ristorante indiano, ben tre palazzi in costruzione e che stavano demolendo la casa dove andavo a prendere ripetizioni di matematica al ginnasio.

Non è stato poi così male «perdere tempo» per fare a meno di Amazon. Alla fine della seconda settimana, però, avevo bisogno di un libro sui bombardamenti americani nella seconda guerra mondiale pubblicato negli Stati Uniti e così non ho resistito: ho aperto l'app e l'ho ordinato.

Da quel momento si è rotta la magia e ha ricominciato a comandare la comodità. Però non ho voluto cedere completamente e ho sposato un sistema misto, un po' online e un po' con le mie gambe, consapevole che ogni volta che scelgo di fare un'esperienza fisica di acquisto apro la porta alla possibilità di un incontro imprevisto, a qualcosa di non programmato, perché anche in un negozio di ferramenta in cui siamo andati per comprare soltanto un cacciavite possiamo scoprire di voler riorganizzare l'intera casa.

X
L'importanza

Sono sul treno tra Roma e Bologna e sono incantato dal mio vicino di posto, che è riuscito a sistemare sul tavolinetto un telefono, un iPad, un computer e un power bank per ricaricare tutto. Sta guardando contemporaneamente una partita e una serie tv mentre sul computer compila un file Excel. Ha le cuffie e da quello che posso capire sta ascoltando la serie. Il suo sguardo si muove continuamente da uno schermo all'altro. Sembra riuscire a fare le tre cose contemporaneamente, anche se non so dove sia davvero la sua attenzione. Si agita solo quando ci sono un gol o una punizione, allora mette in pausa la serie e per un attimo si concentra solo sul pallone.

C'è stato un momento esatto in cui ho realizzato che la mia attenzione era rotta. È successo una domenica pomeriggio e in quel momento ho visto con chiarezza il meccanismo della nostra dissoluzione. È stato quando mia figlia Irene, che stava facendo i compiti al tavolo della cucina, mi ha chiesto: «Papà, quando presenterai il libro a Torino?». Il percorso che segue è stato per me così illuminante che poi l'ho trasformato in un piccolo discorso che ho pronunciato al TedX Milano dedicato al tema della sostenibilità.

Le ho risposto: «Non me lo ricordo, aspetta che guardo, dovrei avere una mail con il programma». Ho aperto la posta, mi sono messo a cercare, ma la mia attenzione è stata catturata da un'altra mail dal titolo: «Ricette da fare con la zucca per Thanksgiving», che veniva dal «New York Times». A me la zucca piace moltissimo e la mia specialità della domenica sera, in autunno e in inverno, è la crema di zucca con le castagne, così ho pensato: «Fantastico, qui trovo un sacco di ricette nuove». Ho scorso la mail e, a un certo punto, ne ho vista una molto sfiziosa che non conoscevo, ho cliccato e il link mi ha portato sul sito del «New York Times». Si è aperta la mascherina che mi chiedeva di abbonarmi. Seguivano le offerte e le tariffe. Ma io ero già abbonato a quel sito e, con fastidio, mi sono chiesto: «Ma perché il telefono non mi riconosce?». A quel punto avrei dovuto inserire le mie credenziali, ma non ricordavo assolutamente quali fossero e mi sono reso conto di aver dimenticato anche la password. Così mi sono messo a cercarla: doveva essere da qualche parte nel telefono. E mentre spulciavo tutte le password, ho visto quella di una compagnia telefonica che mi stava inseguendo da mesi perché restituissi un vecchio decoder. Un decoder che usavo in due case fa e non avevo la minima idea di dove fosse finito. Con un po' di ansia mi sono ricordato delle decine di sms di sollecito della compagnia telefonica. Ho pensato: «Fammi vedere a che punto siamo arrivati con la storia del decoder». E sono andato a guardare tra gli sms.

La prima cosa che ho trovato è stato un messaggio – che mi ero dimenticato – dell'oculista, che diceva che dovevo portare da lui le ragazze martedì alle 19. Allora mi sono girato e ho detto a mia figlia: «Martedì, martedì abbiamo l'oculista!». E lei mi ha chiesto: «E come fai? Se andiamo dall'oculista salti la presentazione? Ma non ti eri accorto che erano lo stesso giorno?». Non capivo: «Ma cosa c'entra la presentazione? Ti ho detto che martedì devi andare dall'oculista». Mi ha guardato perplessa e mi ha detto: «Ho capito, ma tu stavi guardando il telefono per dirmi quando c'era la presentazione, no?». «Ah, è vero.»

Allora ho fatto il percorso inverso: dall'oculista al decoder, alla password, alla crema di zucca, fino alla presentazione.

Quando non riesco a ritrovare la strada perché, link dopo link dopo mail dopo whatsapp, sono andato troppo lontano, faccio sempre una cosa: chiudo tutto e appoggio il telefono nel posto in cui stava quando l'avevo preso in mano, sgombero la testa da ciò che ho letto – la notizia, la chat sulla pizzata coi compagni di classe, la richiesta di un appuntamento – e cerco di tornare al pensiero iniziale, al bisogno che avevo sentito. In quei momenti mi viene spesso nostalgia della persona che sono stato per tanti anni prima dell'avvento degli smartphone, al me che sarei se non vivessi sempre con il telefono in mano, a Mario prima del naufragio della sua attenzione.

Leggo ovunque articoli molto preoccupati sull'uso che i bambini e gli adolescenti fanno del telefono, sui danni che questo provoca all'apprendimento. Sono allarmi che dovremmo ascoltare, ma basta guardarsi intorno al ristorante o a una cena tra amici per capire che i più piccoli non hanno fatto altro che osservarci e copiare i nostri comportamenti: siamo noi adulti il problema.

Quando i genitori danno il telefono per la prima volta ai figli, cercano di mettere delle regole, ognuno a modo suo. C'è il genitore progressista che fa scrivere al figlio una sorta di documento in cui si impegna a non usarlo in determinati momenti. C'è il genitore avvocato che stipula contratti con i figli. Poi ci sono i genitori che promettono premi e quelli che minacciano punizioni. E poi c'è la scatola. Una scatola all'ingresso di casa. Quando si va a dormire, o prima di sedersi a tavola, si deve depositare il telefono nella scatola.

Queste scatole mi hanno sempre fatto pensare a Sergio Marchionne. La sua scatola era uno zainetto o anche una busta di plastica in cui teneva le sigarette, un paio di bottigliette di tè freddo e tre telefoni con tre diverse sim, una americana, una svizzera e una italiana. Li tirava fuori solo se ne aveva bisogno, perché diceva che quando tu tieni il telefono sul tavolo, il telefono si frega la tua attenzione.

Quando me l'ha spiegato la prima volta, gli ho replicato: «Ma dai, si possono fare anche due cose insieme». E lui mi ha risposto: «Multitasking significa che tu puoi fare due cose male, tre cose malissimo e quattro cose in modo schifoso. Fanne una sola alla volta». E poi mi ha anche insegnato il valore del tempo vuoto.

Sergio Marchionne e tempo vuoto sembrano due concetti lontanissimi, perché lui era uno che lavorava diciotto ore al giorno. Eppure, mi raccontò che quando arrivò alla Fiat si mise a segnare sulla sua agenda uno spazio libero di 20 minuti ogni due ore e a questo spazio dava un nome qualunque, qualcosa come «Pasquale». Chi aveva accesso alla sua agenda, i suoi collaboratori più stretti, all'inizio pensavano che Pasquale fosse un nome in codice per indicare qualcuno di cui voleva nascondere l'identità. Invece Pasquale era lui. Pasquale era il tempo necessario per capire le cose dopo ogni riunione, il tempo di cui aveva bisogno per telefonare, mandare mail e risolvere i problemi che erano emersi. Il tempo che serviva per tirare il fiato. «E se proprio non ho niente da fare» mentre scrivo queste righe mi sembra di sentire la sua voce nasale con quello strano accento misto abruzzese americano «allora mi metto le cuffie, chiudo gli occhi e ascolto la musica.»

Per un'ecologia del nostro tempo dobbiamo fare una cosa fondamentale: distinguere le cose urgenti dalle cose importanti.

Le cose importanti sono facili da riconoscere: ognuno di noi sente dentro quali sono. Sono quelle che, se non le facciamo, ci lasceranno un rimpianto. Sono quelle che servono a costruire senso, che fanno la differenza nella nostra vita. Le cose importanti sono quelle che aggiungono un tassello alla costruzione di un progetto, di un sogno e che provano a realizzare un pezzo di futuro.

Tutti i giorni siamo bombardati da cose urgenti, o che vengono dichiarate tali anche se non lo sono per niente: una mail che propone un appuntamento tra un mese esige una risposta ovviamente immediata, ma se tu non sai neanche che cosa mangerai questa sera, come puoi sapere che cosa farai tra un mese?

E invece questo tempo pretende che vada programmato tutto, ti si chiede continuamente di rispondere, di correre, di dimostrare che sei performante. Le cose urgenti vengono lì, bussano alla tua porta, insistono, sgomitano, si fanno spazio. Le cose importanti, invece, siccome sono solo tue e ce le hai dentro, le rinvii, perché pensi, appunto, che sono solo tue. E invece le devi proteggere. Le cose importanti sono fondamentali nella vita, fanno la differenza. Io l'ho capito durante il tempo in cui siamo stati bloccati in casa, in quella primavera in cui c'era tutti i giorni il sole, ma non potevamo uscire.

Ecco, in quella primavera ci siamo resi conto che possono accadere cose improvvise, inattese, inimmaginabili, che spazzano via tutto. Tutti quegli appuntamenti che avevamo nell'agenda e che erano urgentissimi erano stati cancellati in nome di qualcos'altro. E allora possiamo anche noi iniziare a immaginare che esista la possibilità di fare cose nuove, imprevedibili, e a dare maggior importanza a quello che sentiamo dentro. Sapendo che il tempo non è infinito, e che quindi dobbiamo usarlo per le cose che ci stanno a cuore.

Io tutte le domeniche pomeriggio scrivo su un foglietto quattro o cinque cose importanti, e poi me lo infilo in tasca. Non segno mai nessuna urgenza, ma solo cose che per me hanno senso. E durante la settimana, quando sono stanco e ho la sensazione di essere travolto, lo tiro fuori un attimo, lo leggo e lo uso come bussola per non perdere la rotta. È un piccolo gesto, ma mi aiuta a rimettere l'importanza al centro delle mie giornate.

XI
L'osservazione

Da qualche anno, davanti alla mia scrivania, tengo una foto che il mio amico Omero Ciai ha scattato in un museo di New York, se non sbaglio è il Whitney, in cui si vedono quattro persone sedute ognuna su un lato di una panca al centro di una sala. Sono tutti adulti: uno è pelato con gli occhiali, uno ha i capelli grigi, un terzo è di spalle con una borsa a tracolla e poi c'è una donna con il cappello e la giacca. Tutti e quattro sono piegati a guardare il telefono. Ai muri ci sono le fotografie di una mostra, intorno persone che passano e guardano, ma loro hanno gli occhi immersi nella luce degli schermi. Quando Omero mi ha regalato questa foto, l'ho fatta incorniciare perché mi è apparsa subito come il manifesto di questo tempo: stavano tutti da un'altra parte.

Sono seduto sul treno fra Torino e Milano e lo spettacolo che si vede dal finestrino è meraviglioso: le montagne sono imbiancate da una nevicata tardiva, le risaie sono già state allagate e brillano nel sole e sono tornati gli aironi e le garzette. Accanto a me, vicina al finestrino, c'è una ragazza. Per tutto il viaggio il suo pollice sinistro ha fatto scorrere migliaia di post su Instagram. Ha messo un sacco di cuoricini a tramonti, cani, feste, selfie di amici, ragazze che facevano yoga e piatti di cibo. Immagino abbia avuto la sensazione di aver partecipato a migliaia di istanti di vita altrui, ma la mescolanza è stata così veloce che – lo so perché succede anche a me – non lascerà traccia nella sua memoria. Di quello scrollare non ci sarà nulla da raccontare, nessuna emozione da portarsi a casa. E invece quella neve e gli aironi sarebbero stati un bel ricordo.

Io, invece, ho visto le montagne e gli uccelli perché, da qualche tempo, ho ricominciato a guardare: i paesaggi fuori dal finestrino della macchina o del treno, le persone che ho intorno, chi c'è nel vagone, chi è seduto con me sull'autobus. Era il mio gioco preferito ai tempi del liceo, quando sul tram facevo la radiografia di ogni passeggero, o nel periodo dell'università, quando segnavo su un quadernetto tutte le frasi che sentivo la mattina presto in metropolitana. Molte le ricordo ancora, le più spiritose o le più cattive, come quella di una signora che parlando con una collega di una terza, appena scesa alla fermata, aveva commentato, dopo aver aspettato giusto il tempo che si chiudessero le porte: «Sembra una santarellina, ma la verità è che la dà via con la fionda».

Ho ricominciato a osservare il mondo intorno a me non per improvvisa virtù, ma grazie a un avvocato maleducato. Ero in treno fra Roma e Firenze, mi si era scaricato il telefono e avevo dimenticato il caricabatterie. Avevo addosso quell'agitazione che provoca l'idea di essere tagliati fuori, di non poter chiamare, di non ricevere messaggi, di non poter vedere cosa sta succedendo. L'avvocato seduto accanto a me aveva il mio stesso modello di telefono e il caricabatterie appoggiato al tavolino, inutilizzato. Gli ho chiesto se me lo potesse prestare e lui, senza nemmeno girare la testa, mi ha risposto di no, che poteva servirgli. Ero solo, non avevo un libro e nemmeno un giornale. Prima di tutto ho cambiato posto e nel momento in cui ho cominciato a guardare fuori dal finestrino ho visto Orvieto.

Mi è tornata in mente la prima volta che l'avevo visitata, era stato quando Tonino, il mio secondo padre, era entrato nella nostra famiglia e aveva convinto mia madre che doveva portarci in giro per l'Italia a visitare musei, chiese, monumenti e trattorie. Cominciammo una Pasqua con Lucca e Firenze. Poi Siena, San Gimignano, Volterra e la costa toscana l'estate dopo. Quella sosta a Orvieto avvenne all'inizio di agosto dell'anno successivo sulla strada verso Sapri: andavamo in Campania con una Fiat 127 bianca di cui ricordo ancora la targa. Ci viaggiavamo in cinque e con la barca sul tetto, una piccola lancia in vetroresina che si chiamava *Fufluna*, dal nome etrusco della rocca di Populonia in Toscana di cui Tonino si era innamorato. Nel bagagliaio, che scoppiava, c'erano le valigie, il motore della barca e i giubbotti di salvataggio. Noi bambini viaggiavamo mezzi sdraiati sui sedili e senza seggiolini o cinture. A pensarci oggi una follia.

Guardavo fuori dal finestrino e mi si srotolavano ricordi. Solo Orvieto ne aveva tantissimi: sentivo il gusto di un panino con il prosciutto tagliato spesso, l'emozione della visita al Duomo o anche, anni dopo, la voce del mio cantante preferito, Francesco De Gregori, che io giovane praticante dell'Ansa avevo disturbato per avere un commento sulla marcia del Po di Umberto Bossi, iniziata quel giorno, e che mi aveva risposto soltanto: «Non vede che sto mangiando?». La mia testa si affollava di memorie e il merito era tutto di quell'avvocato antipatico che mi aveva svegliato e aveva staccato i miei occhi dal telefono.

XII

Il tempo

In questa ricerca di un nuovo senso del tempo ho fatto alcuni incontri preziosi e fortunati, capaci di cambiarmi la prospettiva e di farmi vedere cose nuove e sorprendenti. Sono partito dalla sensazione che abbiamo frammentato le nostre giornate in così tanti istanti che questo tempo sbriciolato sembra non avere più alcun valore. Nel presente iperdilatato in cui siamo immersi, il passato e il futuro sono concetti sempre più assenti, ma c'è ancora chi invece lavora sul tempo lungo.

Ersilia Vaudo è un'astrofisica dell'Agenzia spaziale europea, per professione deve guardare oltre l'orizzonte, ma sono certo che la sua biografia l'abbia aiutata ad avere quel punto di vista speciale che si ritrova nei suoi discorsi e nei suoi libri. Ersilia è nata e cresciuta a Gaeta e questo, secondo lei, spiega le sue scelte di vita: «Essere esposti alla natura, in particolare all'orizzonte del mare, è un bel laboratorio di domande. Mio padre navigava e quindi mi ha trasmesso il senso dell'esplorazione. Mia madre era una biologa chimica appassionatissima e, per incoraggiare me e i miei fratelli a capire che la natura ha tanti linguaggi, sui barattoli della cucina non scriveva sale, zucchero, bicarbonato, ma le formule chimiche. Questo creava immensi pasticci: una volta invece dello zucchero a velo ho messo il bicarbonato in una torta ma la professoressa di musica che veniva a darci lezioni di piano se la mangiò tutta senza dire niente. A casa mia non c'era l'idea che potessero esistere domande stupide. I bambini sono tutti esploratori, si tratta solo di tener viva questa curiosità».

A una scienziata così mi sono sentito libero di fare tutte le domande che mi passavano per la testa, senza timore di sembrare ignorante o impreparato. Allora le ho chiesto del tempo. «Noi non abbiamo un organo per percepire il passare del tempo, quindi, per potersi confrontare con il tempo, tutte le culture del mondo usano delle metafore di spazio: si parla di un weekend corto, di un'attesa lunga. Quello che cambia, però, è il modo in cui nelle diverse culture si colloca lo scorrere del tempo. In genere il passato è dietro di noi e il futuro davanti, ma ci sono luoghi del mondo in cui questo è invertito: il passato è davanti, perché lo vediamo, lo conosciamo e ne possiamo parlare. Il futuro è alle nostre spalle perché non abbiamo idea di cosa possa essere.»

La pensano così gli Aymarà, una popolazione andina che vive intorno al lago Titicaca, o gli Yupno, una piccolissima etnia che vive in Papua Nuova Guinea, senza sapere che i telescopi e la scienza dimostrano che la loro teoria in un certo senso è la più corretta: «Questo è dovuto alla velocità della luce: più guardiamo lontano e più stiamo guardando indietro nel tempo». E dunque le stelle che splendono nella notte sono tanti punti di passato in un grande buio: «Ognuno di quei punti rappresenta un'istantanea, una polaroid scattata in un passato diverso. Per esempio, l'immagine che vediamo oggi della stella Rigel della costellazione di Orione è della fine del Duecento, quando viveva Dante Alighieri». Non solo il passato è davanti a noi ma anche tra noi, presente nelle nostre vite. Lo sappiamo bene, siamo il prodotto di tutto ciò che abbiamo vissuto, eppure spesso ce lo dimentichiamo.

«Quando guardiamo un tramonto con qualcuno che amiamo, stiamo condividendo il presente, ma quel tramonto già non c'è più da 8 minuti, perché questo è il tempo che ci mette la luce ad attraversare i 150 milioni di chilometri che ci separano dal sole.»

Questa idea che il passato è ancora qui mi sembra fondamentale per allargare lo sguardo: nel nostro presente c'è quello che è successo e anche, allora, quello che succederà. Il futuro è qualcosa che costruiamo con i gesti che facciamo ogni giorno, con le decisioni che prendiamo.

Ersilia è un'entusiasta, ama il pianeta in cui viviamo, che non guarda con le lenti nere della cronaca, ma considera nel suo essere eccezionale e speciale: «I colori ci sono solo sulla Terra e così i suoni. I colori fanno parte del nostro spettro ottico: esistono solo dove possiamo guardare noi. Anche la musica è un privilegio della terra, può esistere solo dove c'è un'atmosfera. Devo poter spostare qualcosa per avere un suono, come quando getto un sasso in uno stagno: se non c'è acqua, non ci sono onde. Quindi la musica è qui. Invece ogni esplosione nell'universo è muta e silenziosa. Fuori c'è un silenzio straordinario, qui abbiamo il canto degli uccelli e la Callas che interpreta *Casta Diva*».

Ripenso alle parole di Ersilia Vaudo mentre sono seduto al buio in una specie di tenda insonorizzata che si chiama «Sonosfera», e il silenzio è tale che sento la mia pancia gorgogliare. Questo anfiteatro senza palcoscenico è stato costruito dentro i Musei Civici di Pesaro e, grazie a 45 altoparlanti che mi circondano e creano un campo sonoro tridimensionale, sto per immergermi nelle foreste primarie equatoriali. Sto per fare un viaggio non soltanto negli ecosistemi più antichi e intatti del mondo ma anche nel tempo. Sto per ascoltare suoni che si ripetono indisturbati da milioni di anni.

Il viaggio inizia nella Danum Valley, nella parte settentrionale del Borneo, in Malesia, dove la natura si è evoluta indisturbata per 140 milioni di anni. Comincia con il coro del crepuscolo, quando dalla luce si passa al buio. Il tramonto è un processo che dura dai quaranta ai cinquanta minuti: dipende da quanto è alta la foresta e da quanta luce ci filtra attraverso. In questo lasso di tempo gli uccelli, gli insetti e i mammiferi del giorno lasciano lo spazio agli abitanti della notte.

È un coro ordinato, in cui ognuno fa la sua parte: si sentono cantare uccelli di varie specie e molti insetti, tra cui la più imponente delle cicale, la *Megapomponia imperatoria*, che ha la grandezza di una mano. Quando il buio prende il sopravvento, il richiamo che si sente più forte è quello amoroso dell'argo maggiore, un grande e goffo uccello della famiglia dei fagiani che può raggiungere i due metri di lunghezza e ha piume colorate con macchie a forma di occhio. In sottofondo si sentono i gufi. Poi inizia a piovere, il rumore delle gocce è sempre più forte sulle foglie, sugli alberi, sull'acqua. Questo suono mi emoziona. Per 43 minuti mi dimentico di qualunque pensiero, catturato dalla musica del pianeta. Quando finisce non ho voglia di uscire, vorrei restare ancora in silenzio ad ascoltare.

David Monacchi apre con delicatezza la porta della Sonosfera, parla piano e sorride. Ha una barba grigia molto curata e occhialini dalla montatura leggera, è lui ad aver creato quest'arca in cui raccoglie e porta in salvo i suoni più antichi della natura per trasmetterli alle future generazioni. È un musicista, un professore di conservatorio, un ingegnere del suono, ma soprattutto è l'ideatore del progetto che si chiama «Frammenti di estinzione».

David ha cominciato nei boschi intorno a casa sua, voleva raccoglierne e campionarne i suoni notturni per utilizzarli nelle sue composizioni, ma poi ha capito che in quei concerti c'era già tutto e la musica non serviva. «I primi soldi che ho guadagnato li ho spesi per un microfono, sono andato a prenderlo in Germania. Ho cominciato subito a fare registrazioni negli habitat del Montefeltro, non lontano da Urbino, dove sono nato e cresciuto. Quando iniziava la primavera, per me era un'ossessione riuscire ad andare ogni notte a registrare i rapaci notturni, poi gli usignoli e, a primavera avanzata, i grilli e tutti gli insetti.»

Venticinque anni fa, David legge un articolo scientifico di Edward O. Wilson, che è stato uno dei più grandi esperti di biodiversità, in cui si parla del rischio di una sesta estinzione di massa sulla Terra, causato dall'impatto di una sola specie, quella umana, su tutto il resto dell'habitat naturale: «Quell'articolo mi ha segnato. Ho capito che dovevo andare nelle foreste primarie del mondo, nei luoghi dove la mano dell'uomo non è mai stata presente, per raccogliere e testimoniare la ricchezza di una biodiversità straordinaria e antichissima».

Inizia, così, una serie di viaggi che diventano il grande progetto della sua vita: centinaia di registrazioni, ognuna di ventiquattr'ore, in tre continenti, focalizzandosi sull'Amazzonia, il bacino del Congo e il Borneo.

«Abbiamo cominciato in Amazzonia, dove c'è la maggiore diversità di vita e di specie del pianeta, su un affluente del Rio Negro che si chiama Rio Jauaperi, una vasta area di foresta primaria in cui vivono solamente 300 esseri umani lungo i 250 chilometri del fiume. La prima notte sono stato svegliato dal canto delle scimmie urlatrici che lanciavano il loro richiamo mattutino per suddividersi gli alberi da frutta.»

Dopo quel primo viaggio, David resta sconvolto e la sua vita cambia profondamente: «Ho abbandonato la composizione, ho abbandonato la musica e mi sono reso conto che il mio compito era quello di usare le mie conoscenze per creare un archivio di suoni degli ecosistemi più indisturbati e sconosciuti».

Ogni sua missione dura almeno cinque settimane, e non sono facili. La prima impresa è riuscire a raggiungere le zone di registrazione, ovvero gli habitat più ricchi di suoni. A seconda delle zone, lui e il suo gruppo usano canoe, seguono le piste degli elefanti o aprono varchi nella foresta. Poi si registra, di solito per tre settimane. Le difficoltà e i pericoli sono tantissimi: «Nell'ultimo viaggio in Amazzonia abbiamo fatto le registrazioni in un'area in cui c'erano 148 specie di serpenti per ettaro. Un terzo dei quali velenosi. Ogni movimento richiede un'attenzione assoluta e mille precauzioni. Ci sono poi i problemi medici, dalla dissenteria alla malaria, e il caldo».

Usciamo a camminare per Pesaro, mi racconta della prossima missione africana che sta organizzando, del pericolo delle cariche degli elefanti, che ora sono spaventati e aggressivi per colpa dei bracconieri. Mi accompagna alla stazione, ma prima di salutarci gli chiedo se esistano ancora luoghi incontaminati in Italia. «Se intendi foreste primarie, allora la risposta è no: la mano dell'uomo è arrivata ovunque. Ma se cerchi un bosco dove, se tu mettessi i microfoni, scopriresti che lì la biodiversità acustica è simile a quella del Medioevo, che potrebbe suonare come ai tempi di Dante, allora sì, questo esiste. È un bosco molto ripido e scosceso nelle Foreste casentinesi, una riserva integrale che si chiama Sasso Fratino. Il luogo meglio conservato d'Italia.»

Torno a casa e prendo una piantina dell'Italia: nell'era delle mappe digitali conservo una vecchia scatola di legno piena di carte geografiche, ormai un po' malridotte eppure sempre molto amate. Sono strumenti meravigliosi perché non ci guidano soltanto ma ci lasciano negli occhi la strada, ce la insegnano. Ho sempre in mente un amico pugliese di nome Francesco che si mette a gridare ogni volta che qualcuno apre Google Maps anche solo per trovare il benzinaio o per andare a comprare il pane: «Avete trasformato un accessorio in uno strumento vitale, senza non siete capaci di fare nulla, siete ciechi. Mio nonno senza Google ha fatto la guerra, è tornato vivo, si è sposato, ha fatto sette figli, cui sono seguiti trentun nipoti, è andato fino in Belgio e ha lavorato nelle miniere di Marcinelle. Tornava a casa due volte l'anno, senza guardare Google, e sorrideva sempre. Non si è mai lamentato!».

Apro la mia cartina e mi metto a tirare delle righe. Traccio due rette: la prima tra Pisa e Pesaro in orizzontale, la seconda in verticale tra Bologna e Perugia. Nel punto d'incontro c'è Sasso Fratino, il luogo dove voglio arrivare alla fine di questo viaggio.

Il mio viaggio adesso ha una meta, un punto di arrivo dove trovare il silenzio, dove questo tempo che corre possa sembrarmi fermo.

XIII

La scelta

Non avevo mai sentito nominare Sasso Fratino, ma dopo che Monacchi me ne ha parlato, continuo a pensarci.

Mi affascina l'idea che nel cuore di quel pezzo d'Italia che ha la forma di un quadrilatero delimitato dall'autostrada del Sole da un lato e dall'Adriatica dall'altro, e ai cui margini passa l'alta velocità, ci siano integrità e silenzio. Che in mezzo alla velocità, al rumore, alla fretta ci sia qualcosa che parla una lingua esattamente opposta.

Da bambino andavo in colonia ai margini delle Foreste casentinesi, poco lontano da un paese che si chiama Badia Prataglia. Ricordo che il bosco mi faceva un po' paura, o perlomeno timore. Giocavamo sempre ai suoi margini, però nessuno ci si avventurava dentro, era troppo fitto e ombroso per me e i miei fratelli, bambini di città. Ma il bosco aveva anche un'aura magica, ce ne accorgevamo la mattina quando vedevamo i caprioli spingersi fin dentro il campo di calcio della colonia. Proprio a Badia Prataglia, dove alla fine della vacanza si andavano a comprare e spedire le cartoline, iniziano le Riserve naturali casentinesi: 5300 ettari di territorio che costituiscono una delle più grandi estensioni forestali d'Europa. Al centro di quest'area, che è Parco nazionale, il posto più integro e remoto è la Riserva naturale integrale di Sasso Fratino, 764 ettari di boschi che scendono da un lato in Toscana e dall'altro in Romagna. Per avere un'idea delle dimensioni di qualcosa si usa sempre il paragone con i campi da calcio, in questo caso la parte della riserva integrale corrisponde circa a 1070 campi da calcio. Provate a immaginarli, uno accanto all'altro su un crinale scosceso.

Riserva integrale significa che non ci si può entrare salvo che non si abbia un permesso di studio o di ricerca: per avventurarsi al suo interno, bisogna ottenere l'autorizzazione dai carabinieri forestali. Significa che la natura è lasciata libera e gli animali trovano un luogo dove vivere e riprodursi indisturbati, significa che, dopo secoli di presenza e sfruttamento, l'uomo ha fatto un passo indietro.

Quella di Sasso Fratino è la prima riserva integrale istituita in Italia. Era il 1959 e nacque per iniziativa dell'allora amministratore delle Riserve naturali casentinesi che si chiamava Fabio Clauser. Quella della riserva è una storia potente perché pionieristica, capace di parlare una lingua che nel dopoguerra, in un'Italia concentrata a ricostruire, a cementificare e a massimizzare il benessere del boom economico, era completamente fuori moda.

Clauser era nato nel 1919 e all'inizio della seconda guerra mondiale, dopo aver studiato agraria, era entrato all'Accademia militare forestale e poi nell'amministrazione forestale dello Stato. Aveva lavorato a Firenze, a Roma al ministero e nel 1955 era stato nominato amministratore delle Foreste casentinesi con l'incarico di redigere il piano di gestione di quei boschi. Attenzione, allora non si trattava di una riserva o di un parco, ma di un'azienda, quindi era previsto che facesse profitti e per ottenerli bisognava tagliare il bosco e ripiantarlo rendendo efficienti regole antiche.

Esattamente mille anni fa era arrivato infatti tra queste montagne, proveniente da Ravenna, un monaco benedettino di nome Romualdo, che insieme a cinque discepoli si era fatto spazio in mezzo al bosco e aveva fondato una sua congregazione, quella dei monaci camaldolesi.

Scelsero di vivere in mezzo alle foreste perché il bosco garantiva isolamento e vero eremitaggio, ma anche perché permetteva di avere sostentamento e ritorno economico, dalle castagne al legname, fino all'erboristeria e alla farmacia figlia delle centinaia di piante che crescevano tra gli alberi e che diedero vita ai vivai di erbe officinali.

Sono stati i monaci ad amministrare per secoli il bosco e in un libro del 1520, *La Regola della vita eremitica*, sono codificate anche le tradizioni di gestione delle foreste. Si stabilisce in che modo, e dove, il bosco possa essere tagliato e come debba essere continuamente rinnovato, attraverso il rimboschimento. L'albero principe della tradizione camaldolese è l'abete bianco, di cui è circondato l'eremo, che viene piantato accanto ai faggi originari.

Grazie ai monaci del monastero e dell'eremo di Camaldoli, il legno di questi boschi remoti è stato fondamentale per dare vita alle opere più importanti della storia dell'arte italiana: dalla cupola di San Pietro al soffitto del Salone dei Cinquecento a Palazzo Vecchio, alle strutture della Cattedrale di Santa Maria del Fiore di Firenze.

Per raggiungere le città, i tronchi scendevano dalla montagna lungo sentieri chiamati «le vie dei legni» e arrivavano a due porti sull'Arno: Poppi e Pratovecchio, dove aveva sede l'Opera del Duomo di Firenze. Qui venivano assemblati in zatteroni che, navigando lungo il fiume, giungevano a Firenze, a Pisa o anche a Livorno, dove venivano imbarcati per arrivare nei cantieri di Marsiglia o diventare gli alberi delle navi inglesi.

L'eremo dei monaci venne soppresso una prima volta per mano di Napoleone nel 1807 e poi definitivamente dopo l'Unità d'Italia, quando lo Stato italiano assunse tutta la gestione delle foreste. È questo il tempo in cui iniziarono tagli spaventosi del bosco, il primo voluto proprio dall'imperatore dei francesi, il secondo tra il 1915 e il 1918, quando interi versanti di abeti vennero completamente disboscati per fornire il legname necessario a costruire le trincee e i camminamenti sul fronte della prima guerra mondiale, così come le baracche in cui vivevano i soldati. Stessa sorte ebbero questi boschi durante la seconda guerra mondiale, decimati dalle necessità di fare legna, utilizzati per la costruzione del fronte tedesco, la famigerata Linea gotica, e poi predati dalla volontà inglese di impossessarsi del legname come risarcimento per le spese di guerra.

Dopo il 1945 intere aree erano spettrali e spoglie, cominciò così una grande opera di riforestazione, all'interno però di un progetto di sfruttamento economico del bosco. E qui entra in scena Fabio Clauser, che ha il compito di rendere il lavoro più efficiente e, secondo il piano che ha stilato lui stesso, di tagliare gli alberi anche nelle zone considerate fino ad allora più remote e inaccessibili. Per poterlo fare ha previsto di costruire una strada a «quota 900» metri di altezza e di usare delle nuove gru a cavo, teleferiche adatte al trasporto dei tronchi. Clauser va in Svizzera a ordinarle e inizia a fare i sopralluoghi per il disboscamento e la costruzione della strada. Tutto sembra procedere, ma poi, di fronte ai faggi e agli abeti secolari, succede qualcosa: decide di non costruire la strada, di non montare le gru e di trasformare quel pezzo di foresta, che scende in modo impervio dal confine tra Toscana ed Emilia-Romagna e ha il nome di Sasso Fratino, in una riserva nazionale integrale.

Non esisteva nulla del genere in Italia e soprattutto, siamo a metà degli anni Cinquanta, non c'era nessuna sensibilità ambientale e nessun interesse alla protezione della natura. Ovviamente non c'erano nemmeno leggi, ma solo un'infinità di intoppi burocratici.

Nonostante tutto questo, quattro anni dopo, nel 1959, verrà istituita la prima riserva integrale italiana, sul modello di altre create in Europa dall'Unione internazionale per la conservazione della natura.

Quando leggo questa storia, mi chiedo se la sterzata del progetto sia stata voluta da Clauser e, se sì, che cosa abbia visto o chi abbia incontrato quell'uomo per cambiare idea in modo tanto netto. Che cosa può essere successo per dargli un coraggio e una visione così dirompenti da riscrivere per sempre il concetto di foresta in Italia? Faccio due conti: era del 1919, ha fatto la sua rivoluzione che aveva quarant'anni e oggi ne avrebbe centocinque. Per avere delle risposte posso solo provare a cercare i suoi libri, scavare negli archivi o rintracciare i famigliari.

Intanto voglio andare a Sasso Fratino, vedere quegli alberi secolari e scendere a «quota 900», lì dove sarebbe dovuta passare la strada. Forse, se mi guardo intorno con gli occhi di Clauser, posso intuire a cosa dobbiamo questo miracolo: un luogo dove il tempo può scorrere lento, dove esistono alberi centenari che nessuno abbatterà più.

Contatto il comando di Pratovecchio dei carabinieri per la tutela della biodiversità per chiedere il permesso, racconto che sto scrivendo un libro e che vorrei parlare della riserva di Sasso Fratino. Non posso immaginare che pochi giorni dopo mi si aprirà davanti agli occhi un mondo straordinario.

XIV
Il silenzio

«L'eremo e il silenzio non si possono insegnare, si possono solo provare.» Così mi risponde don Ubaldo Cortoni, bibliotecario e archivista dell'eremo, quando gli chiedo al telefono di spiegarmi le regole e lo spirito di Camaldoli. Alla frase lapidaria segue un invito vero e cordiale, che non posso che accettare: per due giorni, prima di entrare nel bosco, vivrò con i monaci, parteciperò alla loro giornata, mangerò con loro e abiterò in una di quelle celle dove da mille anni si ritirano dal mondo. Voglio capire il loro rapporto con la foresta, con il mistero e soprattutto con il silenzio. E «silenzio» è proprio la prima parola che incontro quando arrivo all'eremo. Scolpita su una targa di legno sul cancello dell'ingresso.

All'eremo il telefono non prende, non c'è nessun segnale. Non ci sono televisori, radio, automobili. Niente. La sensazione è potente: quella di essere fuori dal mondo. Siamo a 1111 metri d'altezza, intorno si vedono solo abeti, una foresta fittissima che nei secoli nessuno ha mai toccato, solo Napoleone provò a tagliarla ma non riuscì a finire il lavoro. Francesco Petrarca, il cui padre era il notaio di Camaldoli, scrisse: «La foresta di Camaldoli è così fitta che nemmeno un dardo di Apollo riesce a penetrarla».

Che sia una foresta di abeti non è un caso ma una scelta simbolica: mille anni fa i primi monaci scelsero di piantare gli abeti perché sono alberi che puntano sempre verso l'alto e perché vivono in comunità: specialmente l'abete bianco si regge solo se vicino ha un suo simile.

Don Ubaldo mi viene incontro sorridente e mi dice soltanto: «Questa sera scoprirà cos'è il silenzio. E sentirà solo i suoi pensieri».

I monaci benedettini e poi i camaldolesi scelsero di costruire i monasteri tra le foreste perché cercavano lo stesso isolamento che per i padri della Chiesa in Medio Oriente era stato rappresentato dal deserto. «La foresta è un modo di stare fuori dal mondo e poi è il luogo in cui ci si confronta con le tentazioni, in cui bisogna trovare se stessi. Non a caso nei racconti cavallereschi il drago si affronta sempre nel bosco.»

Mi accompagna nella mia cella, che è uguale a tutte le altre: si tratta di piccole abitazioni con un cortile cintato che era dedicato all'orto (il mio contiene un cespuglio di rose bianche, gialle e rosa), un corridoio fatto a L, che serve per camminare avanti e indietro, una stanza con letto e armadio, una cappella di preghiera, un minuscolo studio con scrivania e libreria, un bagno e la legnaia per alimentare la stufa d'inverno. Qui ogni monaco, ne sono rimasti dieci, passa la sua giornata, tranne i momenti comunitari dei pasti e della preghiera.

«Un tempo» mi racconta don Ubaldo «c'erano monaci che sceglievano di vivere reclusi per tutta la vita nella loro cella, di non uscire mai. L'ultimo è stato Attilio Bianchi, segretario di papa Pio X che arrivò a Camaldoli nel 1917, dopo la morte del pontefice, e ci rimase fino al suo ultimo giorno nel 1951. Uscì solo due volte, per andare a votare al referendum del 1946 e poi alle elezioni del 1948.» Azzardo che avrà votato monarchia e poi Democrazia cristiana, don Ubaldo sorride e allarga le braccia.

I monaci sono isolati ma non così lontani dal mondo, Firenze è a meno di 70 chilometri, eppure qui il senso del tempo è completamente diverso. Tutto si misura su una scala differente: «Le campane scandiscono la nostra vita e cominciano a suonare alle 5.30 del mattino per chiamare ai canti delle 6. La preghiera corale, che si ripete quattro volte al giorno – mattutino, lodi, ora media e vespri –, ti costringe a una vita regolare, ti spinge ad avere una padronanza del tempo diversa. Ne conosci perfettamente il valore e cerchi di dargli il massimo del senso».

Quando entro in chiesa, la prima mattina, ha appena cominciato ad albeggiare e i monaci sono già seduti nei loro stalli, sui due lati del coro. Hanno tutti la tunica bianca con il cappuccio, molti ce l'hanno sollevato e non riesco a riconoscerli. Non c'è nulla, in quello che vedo, che mi indichi in che tempo si stia svolgendo la scena che ho davanti. Non ci sono microfoni, altoparlanti, rumori esterni. Cominciano a salmodiare e lo fanno molto lentamente, c'è una grande sensazione di pace e insieme di concentrazione. «Il senso della lentezza è che sei in quello che stai facendo, hai la consapevolezza delle parole e dei gesti» mi dirà don Ubaldo.

Mentre sono ipnotizzato dai salmi cantati in coro, penso alla nostra vita, alla studentessa di medicina che mi aveva fermato fuori dal convegno e alle sue ansie. Penso alla sensazione che abbiamo che il tempo non ci basti mai e alle domande che dovremmo farci: perché sto correndo? Per cosa? Come userò poi quel tempo che sto cercando di salvare?

Mi chiedo che cosa possa imparare un laico come me da quello che sto vedendo, dalla vita e dalla storia millenaria di un monastero. «La consapevolezza di quello che si fa. La cura con cui lo si fa. L'idea di essere fedeli a ciò che è essenziale. È così a ogni latitudine: pensa alla cerimonia del tè, alla cura della calligrafia giapponese. Gandhi diceva: "Se non si impara a fare le cose con la cura con cui le fa un monaco, il mondo non sarà mai salvo"» mi spiega don Ubaldo, nato Claudio. Vive qui da venticinque anni, è arrivato che ne aveva ventitré. È uno studioso, un vero intellettuale, il suo rifugio è la biblioteca dell'eremo, vive immerso tra i libri, volumi antichi, rari, preziosi, che spaziano su ogni argomento.

Per due sere, dopo la cena e la campana delle 21.30 che sancisce il silenzio e il ritiro nelle celle, rimaniamo a parlare in biblioteca.

Per ogni frase e ogni pensiero, don Ubaldo ha qualcosa da mostrarmi. Non sta mai seduto, si muove tra gli scaffali, si arrampica e tira fuori qualche perla. Comincia con la prima mappa in cui è presente l'America, stampata nel 1513, e in cui sono presenti al di là dell'*Oceanus Occidentalis* le isole caraibiche, le coste dell'attuale Florida, del Golfo del Messico e del Venezuela. Il Sudamerica è solo abbozzato in modo grossolano e chiamato «Terra Incognita». Resto a guardarla per un tempo lunghissimo, penso a quanta immaginazione abbiano acceso queste carte geografiche, a quanto bastassero pochi indizi per stimolare la voglia di conoscere e di scoprire. A quanta visione ci può essere nelle nostre teste se le lasciamo libere di viaggiare.

Poi verrà il turno di una copia della Costituzione giacobina del 1793 – «C'è sempre stato un grande interesse tra queste mura per le rivoluzioni,» sottolinea don Ubaldo «di cui si condividevano i fini ma non i metodi» –, di una collezione di giornali stampati ad Amsterdam nel Settecento, di un annuario con le cronache dei fatti del mondo: la copia che mette sul tavolo è del 1776 e racconta le tappe d'inizio della guerra d'indipendenza americana; e poi ancora la corrispondenza di un monaco con Benjamin Franklin, scienziato e tra i padri fondatori degli Stati Uniti, in cui parlano dei diritti dei nativi americani, gli appunti autografi di Isaac Newton sul calcolo binomiale, una copia della terza edizione di *Dei delitti e delle pene* di Cesare Beccaria e l'enciclopedia di Diderot.

«La biblioteca è l'immagine degli interessi più disparati dei monaci che hanno vissuto in questo luogo. Ci sono libri di ogni tipo, cosa che può sembrare assurda all'interno di un ambiente monastico eremitico, ma la verità è che non potevano entrare le persone, ma le idee sì.»

Nemmeno i nazisti ci misero mai piede, e in queste celle trovarono la salvezza quattro ufficiali inglesi, che rimasero nascosti a lungo. Così come una parte delle opere del Museo degli Uffizi durante la seconda guerra mondiale.

Chiedo a don Ubaldo perché sia entrato qui. «Si entra qui dentro perché si è feriti, perché si è alla ricerca. Però io oggi non mi chiedo perché sono entrato. La domanda che ognuno di noi, in ogni cosa che fa, dovrebbe porsi è: perché rimango? Questo è fondamentale nella vita. Quando si fa qualcosa, quando si intraprende una strada, non si può essere nostalgici del primo momento, ma bisogna trovare vive le ragioni per continuare il percorso.»

Prima di salutarmi, don Ubaldo mi legge una lettera di Giorgio Vasari, scritta qui a Camaldoli nel 1537: afferma che non poteva scegliere un luogo migliore per conoscere se stesso e, parlando del silenzio della notte, dice che anche gli abeti si fermano per non rompere il silenzio e nemmeno l'acqua fa rumore per rispetto.

Perché il silenzio è così importante? «Credo lo sia per una cosa fondamentale: ritrovare la propria umanità. Silenzio significa, secondo la Regola di san Benedetto, abitare con se stessi. La persona che non sa abitare con se stessa non sa convivere con i propri pensieri, con le proprie contraddizioni.»

Consideriamo il silenzio un modo per isolarsi dal mondo, forse per sfuggirne: «Non credo sia così: stare in silenzio non significa disinteressarsi a ciò che ci circonda, il mondo lo si conosce ascoltandolo. E poi il silenzio ti aiuta a non dimenticare». Gli parlo di una cosa che mi sta particolarmente a cuore: i momenti di silenzio in un dialogo, per dare spazio a chi si ha di fronte, lasciargli il tempo per rispondere, per far emergere quello che ha dentro. Don Ubaldo annuisce: «Il silenzio è un punto di vista diverso sul mondo, è il punto di vista di chi ascolta, è il punto di vista di chi non ha un parere o un'opinione da imporre, ma registra le cose e cerca di armonizzarle. Cerca un filo rosso in quello che accade nella storia».

Esco nella notte e non ci sono luci, il cielo è coperto e mancano anche la luna e le stelle. La corona degli abeti che circonda il monastero rende tutto ancora più scuro.

XV
La gratitudine

I monaci sono a dormire, dalle dieci celle non arriva nessun suono: né voci né rumori. Per due sere vivo anch'io così ed è strano: non c'è nulla da guardare, nulla da ascoltare, nessuno da chiamare.

Questa storia del silenzio mi intriga: insieme al tempo, è una delle cose che ci mancano davvero. La nostra società è piena di stimoli, di un continuo rumore di fondo che non concede spazio al silenzio.

Nei miei appunti c'è un'intervista preziosa che ho fatto a una poetessa dopo che i suoi versi erano stati ascoltati da milioni di persone nell'unico evento italiano che è ancora davvero collettivo: il Festival di Sanremo. Su quel palco Lorenzo Jovanotti aveva letto la poesia *Bello mondo*, lunga 94 versi, e la mattina dopo i libri della sua autrice erano esauriti in tutte le librerie. Lei si chiama Mariangela Gualtieri ed è una persona estremamente riservata, viene dal teatro e ha cominciato a scrivere versi a quarant'anni. Non esistono sue dichiarazioni sui giornali, battute fatte in televisione, polemiche o tweet. Parla con le sue poesie e parla di silenzio, di mistero e di gratitudine.

Le avevo chiesto un'intervista per la mia newsletter e aveva accettato, ma solo con risposte scritte, per poter curare ogni singola parola. «Nel silenzio» mi aveva detto «si impara ad ascoltare il visibile e l'invisibile. E poi, quando ci si sta bene, nel silenzio si accumula potenza.» Due brevi frasi che basterebbero a costruire un altro libro: imparare ad ascoltare invece di saturare il tempo, lo spazio e le relazioni di parole è una cosa che mi sembra rivoluzionaria.

Quando faccio lezione nelle scuole di giornalismo o nei corsi di scrittura o di podcast, parlo sempre di come si fa un'intervista e a un certo punto, con grande stupore di chi mi ascolta, spiego che una delle cose più importanti che un intervistatore deve imparare a fare è stare zitto. Proprio così, non porre mille domande a raffica, ma lasciare qualche istante prolungato di silenzio, dopo le risposte dell'intervistato. Non preoccupandosi dell'imbarazzo che i silenzi creano, di quel disagio che lasciano sospeso nell'aria, ma anzi convincendosi che quelle sensazioni, forse non sempre facili, sono una chiave fondamentale di comprensione.

La verità è che le persone (non solo gli intervistati, ma chiunque incontriamo e salutiamo per strada) danno risposte automatiche, succede perché ognuno di noi tende a difendersi dal mondo, a indossare una maschera che ci rassicura e l'unica cosa che apre alla condivisione, allo scambio è lo spazio del silenzio. Se dopo aver chiesto a qualcuno «Come stai?» lasci un momento di silenzio, apri la possibilità che chi hai di fronte condivida con te quello che sente davvero: una gioia, un dolore, un momento di difficoltà. Succede lo stesso nelle interviste: le prime risposte che escono sono veloci e precise, ma spesso sono frasi fatte, preparate, ripetute mille volte e forse anche poco vere. Restare in silenzio dopo queste risposte lascia nell'aria il punto interrogativo e porta a scavare, a concedere qualcosa di più. E allora quasi sempre l'intervistato aggiunge parole che hanno un gusto diverso e spesso contengono un'emozione che fa la differenza.

L'intervista con più silenzi che mi ricordi è un incontro con Dino Zoff, storico portiere della Juventus e della Nazionale che vinse il Mondiale di Spagna. Sarà che lui è un friulano di campagna e che io ero così emozionato di essere seduto davanti al mio idolo di bambino che i momenti in cui nessuno parlava sono stati tantissimi, eppure io lo ricordo come un incontro denso e prezioso.

Quando Zoff diventò campione del mondo, io avevo dodici anni e lui quaranta. Tutti i miei coetanei volevano essere Paolo Rossi, io invece volevo essere Dino Zoff, già allora mi piaceva profondamente quel suo parlare poco, quel suo essere da solo tra i pali, quel senso di sicurezza che emanava. Così alla fine dell'estate del 1982 feci una lunga coda alla posta per comprare il francobollo commemorativo della vittoria italiana. Lo aveva disegnato il pittore Renato Guttuso e si vedevano le braccia di Zoff, con la maglia grigia e i polsini azzurri, sollevare la Coppa del Mondo. In quell'immagine sembrava di sentire il telecronista Nando Martellini che da Madrid, con la sua voce, aveva riempito le case e dato il via alla festa nelle strade e nelle piazze italiane. Poi quell'anno a Natale chiesi come regalo un paio di guanti da portiere e cominciai a giocare tra i pali. Poco tempo dopo, data la mia inesperienza, nel tentativo di parare un tiro particolarmente violento del mio vicino di casa mi fratturai il polso destro (mi fa ancora male quando cambia il tempo) e conclusi così la mia breve carriera da portiere.

Zoff oggi ha più di ottant'anni e nel nostro incontro gli ho chiesto come vive la vecchiaia. Prima ha dato la risposta facile e rassicurante – «Bene, dai, bene» –, poi è rimasto un po' nei suoi pensieri, io non ho fatto altre domande e allora ha aggiunto: «La vivo da vecchio. Non sono uno di quelli che dicono di sentirsi come se avessero vent'anni. Io ho sempre vissuto nella realtà, vengo da una casa contadina dove valgono la terra, il tempo, la pioggia, la grandine. Niente illusioni. Vivo come ho sempre vissuto: mi interesso di tante cose, leggo abbastanza i giornali e qualche libro, nuoto, ma certo non è semplice perché il mondo mi appare rovesciato. E allora mi chiedo: ma tutto mi sembra diverso perché sto invecchiando o veramente è cambiata ogni cosa? Però io resto legato a certi valori: il rispetto, l'educazione, la dignità. E sono convinto che il successo debba essere figlio della sostanza, non dei momenti di gloria».

Nel silenzio assoluto della notte, in assenza di qualsiasi rumore umano, faccio fatica a dormire. Allora mi alzo, apro la porta della mia cella ed esco ad ascoltare il bosco. Piano piano inizio a sentire la sua voce. È difficile dare un nome a ogni verso, quello che emerge con più chiarezza è l'ululato dell'allocco, un rapace notturno simile al gufo, mentre fatico a dare un corpo a quell'abbaiare ripetuto e un po' roco. Non mi sembra di un cane, ma non ho nemmeno idea di quale sia il verso del lupo. Mi tocca aspettare. Me lo spiegherà don Ubaldo dopo le lodi dell'alba: sono i caprioli. Vivono nell'abetina che circonda il monastero e il loro verso si chiama scrocchio.

Mentre facciamo colazione nel refettorio dell'eremo, guardo questi uomini silenziosi che da mille anni vivono in armonia con il bosco e penso a quanto siano stati capaci di farlo in modo rispettoso, di come si siano amalgamati alla natura e ai suoi ritmi. Tra poco mi incamminerò per entrare nella parte più antica di questa storia e avverto un senso di gratitudine.

A Mariangela Gualtieri, che per la sua cura delle cose potrei paragonare a questi monaci, avevo chiesto come si può provare gratitudine per la vita in un tempo complicato come quello che stiamo vivendo. «La gratitudine è legata alla gioia. Non ha il peso di un debito, c'entra con il riconoscimento di un godimento. È importante essere grati perché è il primo passo per godere di ciò che è, e per averne cura. Siamo grati al sole, cioè felici, lieti e capaci di riconoscere quanto conti nelle nostre vite. Forse al sole non importa che noi siamo grati o meno, ma noi, nel momento in cui ne siamo consapevoli, diveniamo quasi parte di quella sua bellezza, quasi ne veniamo fecondati. Alla fine, si può pensare che la nostra gratitudine lo aiuti a splendere, come sostenevano gli indiani d'America.»

XVI
Il bosco

Camminiamo sul crinale, a sinistra c'è la Toscana, a destra l'Emilia-Romagna, intorno ci sono solo piante di faggio con le chiome fitte, le cortecce grigie e le foglie gentili, dai contorni morbidi. Accanto a noi, sul lato romagnolo, comincia la riserva integrale, i cartelli rossi ricordano che per entrare nel bosco di Sasso Fratino bisogna essere autorizzati.

Il telefono non prende e questo mi sembra un gran bel segno.

Gli alberi che si trovano sul crinale sono i più antichi. Ci sono esemplari che abitano qui dai tempi del Rinascimento, che esistevano già quando erano ancora in vita Michelangelo, Leonardo da Vinci e Raffaello. La cosa più affascinante è che queste piante non sono nate baciate dalla fortuna ma, anzi, sono partite come le più svantaggiate. Crescere sul crinale significa essere continuamente esposte ai venti, alla galaverna, all'umidità che ghiaccia sui rami e li spezza. Si sono sviluppate in condizioni climatiche avverse e questo le ha rese le più resilienti e resistenti. Un'affascinante ricerca di due professori dell'Università della Tuscia, che si chiamano Alfredo Di Filippo e Gianluca Piovesan, spiega come questi alberi capaci di superare i cinque secoli di vita non siano i più grandi e nemmeno i più alti, al massimo arrivano a 20-25 metri, ma quelli che sono cresciuti più lentamente, per proteggersi dalle intemperie e per avere il tempo di adattarsi.

Non avevo mai incontrato degli organismi viventi che esistono da mezzo millennio, che erano qui mentre tutto quello che abbiamo studiato accadeva. Che avranno fatto ombra a uomini dell'età dell'Illuminismo, a soldati napoleonici, a partigiani e nazisti. Anche ai nazisti, di questo purtroppo possiamo essere sicuri, perché la famigerata Linea gotica passava esattamente di qui. Era la linea di difesa costruita dai tedeschi sull'Appennino tra la primavera e l'autunno del 1944, un fronte che andava da Massa Carrara a Pesaro e che fermerà l'avanzata anglo-americana fino alla primavera del 1945, tranne che sulla costa adriatica.

Siamo su una lunga strada bianca che comincia a Prato alla Penna (1248 metri di altezza), poco sopra l'eremo di Camaldoli, e finisce al Passo della Calla. Le tracce tedesche sono ancora visibili tra le fronde, ci sono i segni delle trincee e delle postazioni. Scendo in una delle grandi buche in cui venivano piazzati i cannoni, sovrasta la valle, e la posizione è talmente strategica che mi è subito chiaro perché i nazisti riuscirono a resistere tanto a lungo. Mi raccontano che le fortificazioni vennero scavate dai pochi uomini rimasti in queste zone: venivano fatti prigionieri e costretti ai lavori forzati, spesso prima di essere deportati.

Questa testimonianza la si legge sul terreno, ma è presente, soprattutto, nella memoria storica delle popolazioni di qui, che non hanno mai dimenticato le stragi. Per isolare i partigiani e fare terra bruciata ovunque nel territorio, i nazisti sterminarono i civili, uccidendo tutti quelli che erano rimasti: anziani, bambini, donne e sacerdoti.

Difficile immaginare storie così cupe e drammatiche in mezzo a tanta bellezza: si vedono solo alberi e un susseguirsi di colline completamente verdi e fittissime di vegetazione. Strizzo gli occhi per cercare una casa, un paese, un pilone della luce, ma non scorgo nulla.

A metà della strada sterrata si trova Poggio Scali, il punto in cui il panorama si apre: nelle giornate limpide si vedono l'Adriatico a est e le Alpi a nord, e nelle giornate straordinariamente limpide e asciutte dicono che appaia anche il Tirreno. Oggi c'è foschia e non si vede nulla, ma la sensazione è così potente che mi emoziona lo stesso.

Entro nella riserva insieme a quattro carabinieri forestali, che lavorano al Reparto biodiversità di Pratovecchio. La comandante, Paola Ciampelli, è nata in questa terra, la ama profondamente e dà l'idea di fare il lavoro che avrebbe voluto nella vita. Con lei ci sono altri due figli di questi boschi: Antonio Zoccola, botanico con una passione e una conoscenza delle piante davvero straordinarie, e Matteo Padula, che porta avanti la missione di suo padre Michele, il successore di Clauser nella guida della riserva, che fu capace di moltiplicarne la dimensione. Insieme a loro c'è Vito Fazio, originario di Trapani ma adottato dal bosco di cui ha imparato alla perfezione la storia.

La discesa non è semplice, la pendenza è importante e non c'è un sentiero tracciato: Antonio e Matteo conoscono i percorsi a memoria, ma il terreno cambia continuamente. Ci sono alberi caduti da superare, tronchi spezzati dai fulmini che i funghi lignicoli stanno decomponendo, buche piene di foglie in cui si sprofonda. In alto, sopra i 1200 metri d'altitudine, ci sono solo faggi, poi scendendo il bosco diventa misto e si comincia a vedere l'abete bianco.

Molti alberi hanno la corteccia scavata, Matteo mi spiega che quei buchi sono opera del picchio rosso, di quello verde e di quello nero, il più raro e il più grande. È alto due spanne, ha le piume tutte nere, tranne una macchia rossa sul capo, ed è tornato ad abitare questa zona dopo una lunga assenza, diventandone il simbolo.

È un bosco disordinato, utilizzato storicamente dall'uomo ma non piantato dall'uomo, per questo non ci sono distanze e geometrie prestabilite. In alcune parti, quelle più fitte, la luce filtra poco e l'atmosfera è crepuscolare. Tutte le antiche leggende di draghi e incontri con animali spaventosi sono ambientate nei boschi perché la mancanza di raggi del sole diretti è inquietante.

Paola Ciampelli, la comandante, mi spiega che disordine significa biodiversità: «È importante che restino sul terreno le piante cadute: il legno morto viene colonizzato da insetti e funghi di cui si nutrono gli uccelli. Oggi questo è un bosco in cui il ciclo della catena alimentare è completo. Una foresta come questa è capace di autorigenerarsi, è resiliente». Ci abitano centinaia di specie di licheni, funghi, vegetali, insetti, anfibi, uccelli. Sasso Fratino è diventato un luogo sicuro per gli animali, in cui vivono e si riproducono. Ci sono cervi, daini, caprioli, cinghiali, mufloni, scoiattoli, gatti selvatici e l'equilibrio viene mantenuto dai grandi predatori carnivori: la popolazione dei lupi, qui, ha superato i duecento esemplari.

Arriviamo in una piccola radura, Matteo si piega, scava un po' con la mano e recupera un frammento nero grande come una falange: è carbone. Dove il terreno lo permetteva, la legna veniva accatastata in forma conica, coperta di terra e, con un processo di combustione che durava due settimane, si creava il carbone. I segni circolari sul terreno lasciano intuire un mondo dimenticato: guardando la dimensione delle piante qui intorno, mi spiegano che questa carbonaia sarà stata in attività a metà Ottocento. Per controllare che di notte non divampassero incendi, sopra le cataste venivano messi a dormire dei bambini. Penso a tempi lontanissimi, invece mi raccontano che in paese c'è un forestale in pensione che ha passato la sua infanzia, negli anni prima della guerra, a dormire sulla carbonaia di famiglia.

Questi boschi erano delle fabbriche, per secoli hanno dato da vivere a tutta la popolazione: legname, carbone, funghi, piante medicinali. La mano dell'uomo è passata ovunque e ha lasciato i suoi segni, solo dove la pendenza era eccessiva, la roccia scoscesa o il terreno franoso la natura non è stata toccata. Arriviamo a un abete che per la sua posizione si è garantito una vita lunga, tanto da aver superato i 40 metri d'altezza. Sollevo lo sguardo e sembra un palazzo di quindici piani.

Scendiamo ancora e il bosco diventa sempre più vario. Antonio, il carabiniere forestale botanico, mi fa l'elenco indicandomi ogni pianta: tiglio, acero montano, acero riccio, frassino maggiore, carpino nero, sambuco e poi alla fine perfino un ciliegio. Ogni albero è l'occasione per una storia, una citazione o un racconto: «Questo è un tasso, avrà qualche secolo. Cresce molto lentamente e il suo legno è molto flessibile, nella foresta di Sherwood, quella della leggenda di Robin Hood, ci si facevano gli archi».

Nella penombra, ascoltando queste storie, ci si potrebbe dimenticare in che tempo viviamo, a ricordarci che non siamo nel mondo dello sceriffo di Nottingham ci pensano gli aerei: nel silenzio assoluto, l'unico rumore che arriva nel bosco è quello dei jet che sorvolano le Foreste casentinesi. Sopra di noi stanno passando gli olandesi che vanno a Malta e i passeggeri del Montréal-Roma, come mi racconterà poi una app che mostra tutte le rotte aeree in tempo reale.

Il silenzio più totale – aerei permettendo – è in quell'attimo che precede l'arrivo della pioggia: un istante in cui gli uccelli tacciono prima che cominci il suono delle gocce sulle foglie. Il bosco è talmente fitto che la pioggia si sente ma non si vede, resto fermo e non mi bagno.

Ai suoni di questo bosco aveva dedicato le sue ricerche Gianni Pavan, professore di bioacustica a Pavia, un ricercatore che, dopo una vita passata a raccogliere i suoni dei cetacei, aveva speso il suo tempo nel bosco di Sasso Fratino. Lo aveva fatto anche per amore verso suo padre Mario, che aveva aiutato in modo determinante Fabio Clauser a far nascere la riserva integrale. Gianni Pavan è scomparso lo scorso anno in un incidente d'auto, ha lasciato un grande vuoto, molte memorie affettuose e le sue registrazioni sono conservate a Badia Prataglia e nella Stanza del suono del Palazzo del Capitano di Bagno di Romagna.

Antonio Zoccola, il botanico, che fuori dal bosco è un uomo di poche parole, ama così tanto tutto quello che ci circonda che non smette di piegarsi fino a terra e raccontare: «Questa è *Veronica officinalis* e si può usare per il tè; questa è una pianta mortale: si chiama *Aconitum lamarckii* ed è alla base di un medicinale per il cuore; ecco la belladonna da cui si estrae l'atropina, ci si preparava un collirio che fa dilatare le pupille ed era usato dalle dame nelle corti; la *Digitalis micrantha* è un potente cardiotonico, è stata usata dai francescani fino alla fine degli anni Settanta; con queste bacche di iperico a giugno si fa un portentoso olio per curare le scottature; poi ci sono la *Salvia glutinosa*, la felce *Phyillitis scolopendrium*, l'*Atropa*, l'*Helleborus bocconei*. Quest'ultima ha mille usi: in veterinaria è stata usata storicamente per curare la rogna dei maiali o come antibiotico per i cavalli, nella medicina umana i semi servivano per far cadere i denti malati».

Arriviamo a «quota 900». Qui doveva passare la strada, qui era venuto Fabio Clauser a fare i rilievi. Mi guardo intorno, si sente solo il rumore di un ruscello e immaginare una strada che passi di lì è un pensiero che fa male. C'è un'atmosfera magica e nell'aria si avverte un profumo stranissimo: «Siamo sopra un prato di aglio orsino. I boscaioli ci facevano la zuppa».

Restiamo a lungo senza parlare, cerco di immedesimarmi in quell'uomo degli anni Cinquanta che aveva un compito preciso: montare la teleferica svizzera per disboscare tutto Sasso Fratino e tirare fuori il legname anche dai costoni più impervi. Perché non lo ha fatto? Trovo una sola risposta: per la meraviglia.

Sono cinque ore che camminiamo, cinque ore che non suona il telefono, cinque ore in cui ho smarrito il senso del tempo, cinque ore fuori da quel mondo in cui sono immerso ogni giorno. La calma che mi ha regalato questo luogo è una cosa rara, da tenere stretta.

Sono passati sessantacinque anni da quando Sasso Fratino è diventato riserva integrale e in questo bosco sono tornate anche le aquile. Sulla cima di un abete bianco nidifica una coppia di aquile reali. I due esemplari che hanno scelto che questa fosse la loro casa hanno anche un nome: Clauser e Viana. Come Fabio e sua moglie.

XVII
Lo stupore

Mi metto a cercare notizie su Fabio Clauser in rete: trovo articoli, discorsi che lo riguardano e alcuni libri. Me ne procuro uno, si intitola *Romanzo forestale*, è una sorta di autobiografia.

Inizio a leggerlo velocemente e a pagina 52 finalmente parla di Sasso Fratino: «L'idea di proporre l'istituzione di una Riserva naturale integrale a tutela del bosco di Sasso Fratino è nata quando, seguendo il piano di gestione della foresta, si era arrivati con i tagli alle pendici settentrionali di Poggio Scali, dove il bosco era rimasto pressoché intatto perché praticamente inaccessibile». È il punto da cui ho cominciato la mia discesa, dove la vista spazia a trecentosessanta gradi e il pendio è più scosceso. «Le nuove tecnologie» ossia le gru a cavo importate dalla Svizzera «rendevano possibile e conveniente disboscare i grandi tronchi di ottimo legno da quelle pendici fino ad allora difese da balze rocciose e dalla mancanza assoluta di strade. Il piano di gestione che avevo redatto prescriveva di percorrere tutto quel versante. Ma una cosa è scrivere il piano e un'altra trovarsi ad applicarlo e a decidere, vedendoli uno per uno, della vita e della morte di alberi così straordinari.»

Eccoli, i pensieri di Clauser, ecco cosa lo aveva frenato. Il libro è stato pubblicato nel 2016 dalla Libreria Editrice Fiorentina, quando Clauser stava per compiere novantasette anni. Penso con gioia che ha vissuto molto a lungo, poi trovo un articolo in cui si celebrano i suoi centoquattro anni in difesa delle foreste, ma anche un altro in cui si dice che è scomparso. Il pezzo però è confuso, così chiamo la comandante Paola Ciampelli.

Non so come formulare la domanda, allora chiedo semplicemente: «Ma lei ha mai conosciuto Fabio Clauser?». «Ma certo, una persona straordinaria, è venuto a trovarci un paio di anni fa!» «E come sta?» «Per quanto ne so sta bene, è appena tornato a vivere a Firenze. Se vuole contattarlo può scrivergli una mail» e mi manda il suo indirizzo.

Con un po' di titubanza, scrivo subito una mail a un uomo di quasi centocinque anni: «Buongiorno Dottor Clauser, mi chiamo Mario Calabresi, sono un giornalista, mi sono permesso di scriverle perché nel mio prossimo libro, che uscirà in autunno, parlerò di quel miracolo naturale della riserva di Sasso Fratino da lei voluta. Mi piacerebbe molto poter avere l'occasione di incontrarla. Sarebbe un grande onore. Pensa sia possibile che io la venga a trovare?».

La mattina dopo trovo la risposta: «Buongiorno a lei, sarà per me un piacere conoscerla e scambiare due parole su Sasso Fratino. Per eventuali accordi sul giorno e l'ora, la prego di prendere contatto con mia figlia Marina perché con il computer la mia vista ha qualche difficoltà. Ricambio il cordiale saluto, Fabio Clauser».

Mi sembra un'opportunità meravigliosa e poi che gioia saperlo vivo, vedere che risponde alle mail, che ha voglia di raccontare.

L'indirizzo che mi dà la figlia è di Firenze, un bel palazzo a una decina di minuti a piedi dalla stazione. Mi aspetta seduto sul divano, è molto elegante: ha la camicia bianca, i pantaloni color crema e un golf marrone. Ha una stretta di mano forte e una memoria incredibile. Parliamo per quasi due ore, ricorda ogni data, ogni momento, ogni persona. Non ha dimenticato un nome e si infastidisce quando non gli viene in mente come si chiama un elemento architettonico del Duomo di Firenze.

La domanda che mi ha portato fino a lì gliela faccio quasi subito: «Cosa è successo quando è entrato in quel bosco?».

La sua risposta parte da molto lontano, da un ricordo della fine degli anni Venti del Novecento: «Ero un bambino e mio padre mi aveva portato a Venezia, la nostra meta era la Basilica di San Marco. Papà decise di scendere dal vaporetto una fermata prima, in modo che potessi entrare nella piazza dai portici e vedere lo spettacolo con la Basilica sullo sfondo. Per me fu quasi uno choc, restai bloccato dall'ammirazione di quella vista. Quella sensazione rimase unica per molti anni, finché non entrai nel bosco: una cattedrale di faggi e abeti, alcuni alti quaranta metri, era una cosa che non mi aspettavo. Se devo racchiudere la risposta alla sua domanda in una parola, mi viene: stupore. È un'emozione bellissima e profonda, che non si può ignorare.

«Sono sceso a "quota 900" in un giorno d'estate, dovevamo fare i rilievi per costruire la strada. Si sentiva forte il rumore del torrente, era una musica gioiosa. Mi sembrava tutto così straordinario che non potevo immaginare di far passare la strada e di mettere le gru in un luogo così fiabesco.»

Poi si schiarisce la gola: «La molla è stata la bellezza. Non si poteva tagliare qualcosa di così unico e irripetibile».

Dentro di sé – racconta – decise subito che il suo piano sarebbe cambiato radicalmente, non avrebbe tagliato più nulla. Però intorno a lui nessuno sembrava condividere l'idea: «Io ero stato folgorato, ma i miei colleghi no. Tornato a Firenze, cominciai a dire che bisognava preservare almeno un nucleo di 60-100 ettari, che la soluzione sarebbe stata quella di creare una riserva sperimentale. Ma non c'erano precedenti: nessun esempio in Italia e non c'era nemmeno interesse alla protezione. Quando ho cominciato io, non c'erano associazioni, la difesa dei boschi non era all'ordine del giorno, erano gli anni della cementificazione dell'Italia. Avevo contro anche l'università, che non ne comprendeva l'interesse scientifico».

Ci vorranno anni e un alleato: il professor Mario Pavan, un suo coetaneo entomologo all'università di Pavia, che era arrivato nelle Foreste casentinesi con alcuni barili pieni di formiche, prese sulle Alpi e usate per contrastare gli insetti dannosi dei boschi. Pavan faceva parte dell'Unione internazionale per la conservazione della natura (IUCN), che stava sperimentando vari sistemi di riserva e di protezione, e il suo appoggio fu determinante, soprattutto nel rapporto con la politica.

«Discutevamo animatamente cercando soluzioni nuove e furono anni meravigliosi anche se venivamo derisi e dileggiati. Negli anni Sessanta ci chiamavano "i rovinologi" perché sostenevamo che senza la protezione della natura saremmo andati verso la rovina. Purtroppo, la Storia ci ha dato ragione.»

Alla fine, riuscirono a far approvare la legge che istituiva le riserve integrali e Sasso Fratino fu la prima: «Ci ripetevano, e si dice ancora, che il bosco si rinnova: è vero, ma per ricreare queste foreste ci vorrebbero altri secoli e allora teniamo caro quello che abbiamo: è qualcosa di irripetibile».

Si alza, penso che sia il segnale che il suo tempo è finito, invece mi offre un succo di melagrana e mi mostra un quadro: è l'immagine degli anelli di un faggio che gli hanno regalato nel 2019 quando ha compiuto cento anni. «Dicevano che i faggi arrivavano a cento, massimo centocinquant'anni di vita. Lo dicevano perché li tagliavano, e invece c'è questo faggio di Sasso Fratino che ha più di cinquecento anni. Il risultato del carotaggio ci dice che aveva raggiunto l'altezza di un metro e trenta nel 1506.» Era l'anno in cui morì Cristoforo Colombo.

Clauser tiene questa mappa del tempo con l'analisi degli anelli del faggio incorniciata accanto al divano e la mostra con orgoglio, sapendo che se oggi questo grande albero è ancora qui a raccontare la sua storia è anche merito suo.

Il bosco è stato nella vita di Clauser fin da quando era bambino: «Sono nato in Val di Non, la valle delle mele, mio padre era un avvocato ma anche un naturalista, mi portava nel bosco e mi insegnava il nome di ogni pianta e di ogni insetto, riconosceva tutti gli uccelli dal loro canto. È la sua eredità più preziosa».

A dire il vero, il padre gli ha trasmesso due lasciti: l'amore per il bosco e la possibilità di costruirne uno. «Quando è morto, nel 1965, mi ha donato un piccolo patrimonio, in banca mi consigliavano di investire tutto in azioni e titoli, ma io non ne capivo molto e non mi fidavo, così ho diviso l'eredità in due parti: metà l'ho lasciata in gestione alla banca, l'altra l'ho usata per comprare un podere di collina abbandonato e improduttivo a 700 metri d'altezza sopra Pratovecchio. Uno di quei posti che non voleva più nessuno, in una montagna che si stava spopolando. Intorno aveva dei campi di grano, il pascolo per le mucche, e nella stalla c'erano ancora dieci bovini. La terra era povera e da tempo incolta. Quello che mi convinse, però, erano alcune grandi querce antiche che proteggevano la casa dalla tramontana invernale e alcuni ciliegi che facevano frutti saporitissimi e regalavano una splendida fioritura.»

Clauser allora aveva quasi cinquant'anni e decise di riforestare tutto, di far rinascere il bosco al posto dei campi abbandonati, iniziò a piantare l'abete americano, quello bianco, il pino nero e l'acero opalo, che può crescere su terreni poveri e degradati. Al margine della strada creò anche un piccolo arboreto con piante provenienti dalla Turchia, dal Libano e dal Pollino, tra Basilicata e Calabria.

Mi racconta dei 25.000 alberi che ha piantato insieme alla moglie Viana, con cui è sposato da settantasette anni, e lo fa con un orgoglio, una soddisfazione e una dolcezza che ho già sentito nella voce di Sebastião

Salgado. A metà degli anni Novanta il grande fotografo brasiliano cominciò ad avvertire un malessere crescente per tutto quello che aveva testimoniato: fame, carestie, violenza, persecuzioni, popolazioni in fuga. Una sofferenza che diventò insopportabile, si trasformò in malattia e poco prima del passaggio di secolo lo spinse ad abbandonare la fotografia e a ritirarsi nella fattoria dei suoi genitori, il luogo dove era cresciuto. Ma della foresta in cui da bambino passava settimane a cavallo non c'era più nulla, sostituita da coltivazioni e pascoli. Una terra erosa e impoverita che aveva bisogno di essere guarita. Insieme a Lélia, la sua compagna di vita, hanno avuto l'idea di ripiantare la foresta tropicale, milioni di alberi che hanno ricostruito un paradiso. La sua terra e la sua anima sono guarite insieme e Sebastião ha riscoperto l'amore per la fotografia, ma ha cambiato l'oggetto dei suoi scatti: la bellezza della natura. Come Clauser, ha sentito che la meraviglia deve essere protetta e può essere d'ispirazione.

Anno dopo anno la casa di Fabio e Viana è stata circondata sempre più dal bosco, e loro hanno cominciato a passarci sempre più tempo. Quando lui ha compiuto ottant'anni hanno deciso di andarci a vivere, di restarci anche d'inverno, e per ventidue anni hanno fatto tutto da soli, prendendosi cura delle piante, della casa, spaccando la legna per il camino, ripulendo i fossi in primavera, scendendo in paese per fare la spesa anche con la neve (l'ultimo rinnovo della patente Fabio lo ha passato a novantanove anni). «Eravamo isolati da tutto ma stavamo bene. Avevamo tanto di quel lavoro da fare che non abbiamo avuto tempo per la vita sociale. Sono stati anni bellissimi e felici.» Sono rimasti in quella casa fino a quando Viana ha compiuto cent'anni e lui ne aveva già centodue. Allora sono tornati a malincuore a Firenze, per essere più vicini ai figli, perché stare in completa solitudine non era più possibile.

Mi parla della quercia che vede dalla cucina, immensa, contorta, bellissima, l'ha guardata ogni giorno e l'ha fotografata in ogni stagione e con ogni tempo. Mi dice che dovrei proprio vederla.

Mentre parliamo lo osservo e mi sembra impossibile che abbia quasi centocinque anni, noto che si è fatto la barba, è vestito con cura, è informato, cose che mi parlano di metodo e costanza. «Uso il computer tutti i giorni, il primo era un Olivetti e me lo sono comprato nel 1984, il giorno in cui sono andato in pensione, esattamente quarant'anni fa. Leggo le mail, rispondo e mi piacerebbe ancora scrivere ma faccio davvero fatica con la vista.»

Quando è possibile torna ancora dai suoi alberi e nei suoi luoghi del cuore, come un agriturismo che sta sotto monte Falco, la vetta più alta di questa parte d'Appennino, da dove con una camminata arrivava in cima a guardare i due mari. «Ci siamo andati a pranzo sabato scorso, si mangia benissimo, perché quella zona è la sintesi perfetta di due culture, quella romagnola, che si esprime nei primi piatti, e quella toscana con i secondi e le carni.» E qui, smentendo la convinzione che i centenari siano sempre persone che mangiano pochissimo, mi racconta di un illustre medico e dietologo che è andato a trovarlo per studiarlo ed è rimasto stupito dalla sua dieta: «Quando mi ha chiesto cosa mangio, io ho risposto che a me piace mangiare bene, mi piace la buona cucina. Mangio tutto: pasta, carne, salumi, panna, burro e mi concedo anche un bicchiere di vino. Certo, ho dovuto ridurre un po' le porzioni, ma sabato ho ordinato sia le tagliatelle con il ragù sia i passatelli in brodo». Lo guardo stupito, invidiando i due primi: «Ero indeciso, sono i miei due piatti preferiti, ma, alla mia età, non è saggio pensare: questo lo mangio la prossima volta...».

Ridiamo, mi chiede se voglio un altro caffè, io chiudo il taccuino e lui mi blocca alzando un dito: «A proposito di eredità: della metà investita in banca non è rimasto praticamente nulla, l'inflazione degli anni Settanta fece inaridire il patrimonio in breve tempo, mentre l'altra metà è cresciuta anno dopo anno dando vita al mio bosco. È stato il miglior investimento della mia vita».

Finiamo parlando del tempo, di come ognuno di noi lo concepisce, di come sia importante saper vedere lontano: «C'è il tempo della finanza, che ogni tre mesi giudica come vanno le cose; il tempo dei politici, che ha come orizzonte le prossime elezioni; il tempo dei medici, che ha come misura la durata della vita umana; ci siamo noi forestali, che pensiamo in termini di secoli, e poi ci sono i frati di Camaldoli, il loro metro è l'eternità».

Gli chiedo di cosa sia più orgoglioso: «Di avere protetto l'antichità di quei boschi, di avere salvato cose che sono irripetibili, il tempo è la cosa più preziosa che li caratterizza».

Alcune settimane dopo, sua figlia Marina, che ha seguito le sue orme ed è stata curatrice dell'Orto botanico di Firenze, mi apre la porta della casa nel bosco. Mi porta a vedere la quercia, mi mostra gli oggetti di una vita e le foto. Poi mi dice una frase che ha pensato quando suo padre ha festeggiato centoquattro anni e tutti le chiedevano come fosse possibile: «Mio padre ha dentro di sé il tempo del bosco, è questo il suo segreto».

XVIII

L'inutile

È il 12 dicembre 1975, a Stoccolma un uomo di settantanove anni con la faccia larga e i capelli bianchi, un po' lunghi e spettinati, pronuncia il discorso più importante della sua vita. Si chiama Eugenio Montale, è genovese e ha appena ricevuto il Premio Nobel per la Letteratura. Le sue parole sul valore di ciò che può apparire inutile agli occhi dell'efficienza sono straordinarie.

«Ho scritto poesie e per queste sono stato premiato, ma sono stato anche bibliotecario, traduttore, critico letterario e musicale e persino disoccupato per riconosciuta insufficienza di fedeltà a un regime che non potevo amare. Pochi giorni fa è venuta a trovarmi una giornalista straniera e mi ha chiesto: come ha distribuito tante attività così diverse? Tante ore alla poesia, tante alle traduzioni, tante all'attività impiegatizia e tante alla vita? Ho cercato di spiegarle che non si può pianificare una vita come si fa con un progetto industriale. Nel mondo c'è un largo spazio per l'inutile. ... In ogni modo io sono qui perché ho scritto poesie, un prodotto assolutamente inutile, ma quasi mai nocivo e questo è uno dei suoi titoli di nobiltà.»

Bisogna avere fiducia nelle cose non necessarie, quelle che sono apparentemente inutili, che non sono efficienti. Farlo è garanzia di riempirsi la vita di memorie.

Quando ho letto il discorso di Montale, ho pensato che c'era una cosa apparentemente «inutile» che più di altre avrei voluto fare: un viaggio per salire lo scalone di un palazzo nel cuore della Germania. Era il consiglio del mio professore di storia dell'arte dell'università, Eugenio Riccomini, che avevo ritrovato, dopo averne perso le tracce per molti anni, mentre scrivevo il libro *Una volta sola*: «Se non ci sei mai stato, vai alla reggia di Würzburg in Germania, a metà strada tra Norimberga e Francoforte. Devi vedere l'immenso affresco dipinto nel 1750 da Giambattista Tiepolo e da suo figlio Giandomenico sulla volta sopra lo scalone. È lungo circa trenta metri e largo venti, rappresenta i quattro continenti e l'Olimpo, è un'opera indimenticabile». Si era infervorato, Riccomini: «Io immagino Tiepolo arrivare a Würzburg, dove era stato chiamato dal vescovo Karl Philipp von Greiffenclau, e scendere insieme ai suoi due figli dalla carrozza infangata con cui aveva attraversato le Alpi. Lo vedo entrare nella reggia, costruita sullo stile di quella di Versailles, salire lo scalone e alzare gli occhi verso il soffitto. Fai il viaggio, non te ne pentirai, e mentre sali la scala immagina di essere Tiepolo, fatti conquistare da quella vertigine creativa».

Il professor Riccomini è scomparso il giorno di Natale del 2023, c'eravamo sentiti poche settimane prima e, provocatoriamente, mi aveva chiesto se fossi andato a Würzburg. Gli avevo risposto che mi sarebbe molto piaciuto, ma che proprio non avevo avuto tempo.

Era la prima volta che Tiepolo andava a lavorare fuori dall'Italia. Aveva cinquantaquattro anni, era una star assoluta dei grandi affreschi, aveva lavorato a Venezia, Milano e nel Nord Italia. Il principe vescovo Karl Philipp von Greiffenclau lo voleva a ogni costo, sapeva che quel pittore veneziano avrebbe fatto fare al suo palazzo il salto di notorietà a cui tanto teneva. Così nella primavera del 1750 chiede a un mercante e banchiere di Würzburg, Lorenz Jakob Mehling, che lavorava a Venezia al Fondaco dei Tedeschi sul Canal Grande, di fargli un'offerta che non si potesse rifiutare. Sapeva che vent'anni prima Tiepolo non aveva accettato di affrescare il palazzo reale di Svezia perché riteneva la cifra proposta inadeguata.

Il mercante offre a Tiepolo 15.000 fiorini renani, una cifra che corrispondeva a tredici anni di stipendio dell'architetto che aveva guidato la costruzione della reggia, Balthasar Neumann, e a sessanta volte quello che guadagnava il capomastro del palazzo ogni anno. Facendo un po' di paragoni con l'oggi, possiamo immaginare qualcosa che sia intorno ai 2 milioni di euro. Una cifra allettante, se soltanto sei mesi dopo Tiepolo parte con i suoi due figli, Giandomenico di ventitré anni e Lorenzo di quattordici, e percorre ottocento chilometri in carrozza attraverso le Alpi e i boschi.

Arrivano a Würzburg, il «borgo delle spezie» che si trova nella parte alta della Baviera, sul fiume Meno, il

12 dicembre 1750 e non immaginano che ci rimarranno per tre anni.

Gli danno alloggio in cinque stanze sull'angolo del palazzo che guarda i giardini. Tiepolo e i suoi figli dormono in una grande camera che sessant'anni dopo ospiterà Napoleone Bonaparte. Non faranno uno, ma tre lavori. Per prima cosa affrescano la sala da pranzo, che poi diventerà la Sala dell'Imperatore, con un dipinto che raffigura le nozze di Federico Barbarossa con Beatrice di Borgogna. Poi, durante l'inverno, quando non si possono fare gli affreschi perché non asciugano, Tiepolo dipinge due pale d'altare per la cappella. Infine, comincia a lavorare insieme ai figli (Giandomenico dipinge con lui, mentre Lorenzo fa l'apprendista) allo straordinario affresco dedicato ai quattro continenti allora conosciuti e alla volta celeste in cui ci sono tutte le divinità dell'Olimpo. Lo spazio è immenso: 677 metri quadrati di visioni, il più grande affresco da soffitto mai realizzato nella storia. Impiegheranno solo quattordici mesi a completarlo, lavorando tra l'estate del 1752 e l'autunno del 1753.

Quando arrivo alla Residenza, manca soltanto un'ora alla chiusura, ma non resisto: entro. A sinistra del portone si apre lo scalone d'onore, inizio a salirlo, a ogni scalino appare una piccola porzione dell'affresco.

Tiepolo ha dipinto i quattro continenti lungo i bordi del soffitto, mentre la volta è dedicata al cielo. Ma il suo affresco non sta negli spazi previsti, i suoi personaggi invadono tutto, scendono oltre i confini di marmo assegnati.

La prima cosa che si vede è un gigantesco coccodrillo, su cui è seduta una donna con un copricapo di piume delle tribù indiane. Ha orecchini, collane e grandi medaglioni tra i seni. Rappresenta l'America. Intorno a lei c'è una gran confusione che vuole rappresentare il nuovo continente: strani personaggi con turbanti colorati, un cervo, un cesto di frutta, un paggio che regge un vassoio e offre cioccolata calda, un uomo che porta sulle spalle un altro coccodrillo. Ai loro piedi ci sono tre teste mozzate, a indicare che la civiltà, dall'altra parte dell'oceano Atlantico, non era ancora arrivata. Popoli barbari. Accanto, degli uomini arrostiscono qualcosa sullo spiedo. Sembra proprio una testa.

Ricomincio a salire e, a metà della prima scalinata, nel cielo sopra l'America appare un nuvolone nero su cui siedono il dio della guerra e la dea dell'amore, Marte e Venere. Al di sopra delle loro teste c'è Apollo, il dio delle arti, della musica e della luce, colui che traina il carro del sole attraverso la volta celeste. Tiepolo lo ha ritratto di fronte a uno stilizzato disco del sole con in mano una statuetta di Atena. Intorno ci sono giovani donne che volteggiano, sono le ore del giorno.

Di nuovo in basso, sul lato destro si intravedono degli strani mercanti con le loro merci contenute in sacchi di tela e botti, potrebbero essere egiziani. Uno di loro sta scrivendo. A sinistra invece sono dipinti un obelisco e una lapide con una scritta in aramaico. C'è un grande uccello che sembra beccare una statua dello scalone e un uomo dalle sembianze cinesi con un cappello a punta e un ombrellino. Siamo in Asia.

L'Europa appare dopo 38 gradini, al termine della prima rampa di scale, è una donna che dipinge di rosso i contorni del continente su un grande mappamondo. Accanto a lei c'è la testa di un toro e alle sue spalle un cavallo. Sotto la cornice dell'affresco è dipinto un uomo con una giubba da ufficiale, in compagnia di un grosso cane. È il progettista della reggia, Balthasar Neumann. Sopra di lui è ritratto, avvolto in un grande mantello, Antonio Bossi, scultore e stuccatore che lavorò per tutta la vita nella reggia. È uno dei pochi che osserva chi sale le scale, tutti gli altri sono affaccendati e guardano altrove, non si occupano di noi.

In questa parte europea sono dipinti libri, spartiti e strumenti musicali. È il continente della cultura e proprio qui ascende in cielo, sorretto dagli angeli, il ritratto del principe arcivescovo che ha invitato Tiepolo e che paga per il lavoro.

Nell'angolo sinistro ci sono tre volti, sembrano quelli di tre curiosi, capitati lì quasi per caso. Invece controllano la scena che hanno dipinto, il mondo che è uscito dalla loro immaginazione: sono Giambattista Tiepolo, con un cappelletto rosso da lavoro, suo figlio maggiore con la parrucca e un pittore di Würzburg, Ignaz Roth, che aveva lavorato con loro e a cui danno l'onore di essere nell'affresco.

Intorno ci sono una moltitudine di personaggi: chi è seduto, chi è sdraiato, chi stravaccato, chi inginocchiato. Tantissimi ci danno le spalle, come se stessero guardando cosa accade fuori. Quello che Tiepolo ha rappresentato non è un elenco ordinato del mondo, ma il caos del mondo, il suo palcoscenico. Un gran bazar che deve stupire e incuriosire.

C'è talmente tanta fantasia e originalità in questo lavoro da anticipare molto di quello che vedremo nei secoli successivi. La mescolanza di persone, costumi e colori è tale da rendere banali perfino le sfilate più trasgressive che vediamo oggi. Tiepolo aveva già detto tutto.

Alla fine della prima scala se ne aprono due laterali, io prendo quella di destra e così a sinistra vedo l'Africa: una donna nera in sella a un dromedario. Intorno, la solita folla affaccendata in chissà quali incombenze, che combatte, lavora, sopravvive. Mercanti, schiavi, musicisti, indovini, servitori. Un macaco cerca di strappare le piume a un grande struzzo, un pellicano si accompagna a un vecchio pescatore con una lunga barba bianca, un venditore di perle mostra la sua merce.

Quando mi giro ecco l'Asia, una donna vestita di azzurro con un turbante in testa, seduta sopra un elefante preziosamente bardato. Alla sua sinistra una folla di persone con bandiere, alla destra uomini nudi impegnati a fare qualcosa di incomprensibile. Di lato si intravede il retro di un animale, potrebbe essere una tigre, stretta fra dei cacciatori, alle loro spalle una palma su cui volteggiano dei pappagalli.

Sta calando la luce e la Residenza deve chiudere. Mi congedo da questo gran bazar in cui da più di duecentosettant'anni, giorno e notte, va in scena la rappresentazione allegorica del mondo come lo immaginava un pittore italiano alla fine dell'epoca barocca.

Raggiungo il fiume, immagino che questa passeggiata che porta al ponte di pietra costruito alla fine del Medioevo la facessero anche Tiepolo e i suoi figli. Quando arrivarono a Würzburg, sul ponte erano appena state aggiunte dodici statue di santi. Ora è affollatissimo, ogni persona ha un bicchiere di vino bianco in mano. Succede tutti i fine settimana, dall'ora dell'aperitivo fino a tarda sera.

C'è anche un gruppo di turisti americani, chissà se immaginano che esattamente in quel punto i loro nonni hanno combattuto una delle ultime battaglie della seconda guerra mondiale, con un ranger dell'esercito degli Stati Uniti che riuscì fortunosamente ad attraversare il fiume su una barca a remi e a stabilire una testa di ponte in città.

Würzburg fu uno dei punti chiave della resistenza tedesca all'avanzata alleata. Per piegarla, il 16 marzo 1945, un bombardamento inglese rase al suolo la città: l'ottanta per cento delle case venne ridotto in macerie fumanti dalle bombe incendiarie e ci furono cinquemila morti. Ma, nonostante questo, resisteva ancora, grazie a un esercito disperato composto da vecchi soldati più che sessantenni e da giovanissime reclute di 16 anni. La battaglia finale durò tre giorni, dal 3 al 6 aprile, e fu combattuta casa per casa.

Anche la Residenza venne colpita e i tetti completamente bruciati, ma gli affreschi di Tiepolo rimasero miracolosamente intatti. Senza coperture, però, avrebbero avuto vita breve. La fortuna volle che con le truppe americane ci fosse un ufficiale dei Monuments Men (la task force militare che doveva mettere in salvo le opere d'arte), si chiamava John Davis Skilton, si era laureato in storia della pittura a Yale e durante l'estate del 1945 riuscì nell'impresa di trovare legname, carta catramata e cemento per costruire tetti di fortuna sulle sale più importanti. Prima dell'arrivo dell'inverno il meraviglioso mondo di Tiepolo era al sicuro.

Torno a immergermi in questo splendore la mattina dopo, quando c'è una luce diversa e si legge meglio l'affresco; per cercare di mettere a fuoco ogni personaggio, inizio a contarli, arrivo a cento diverse figure, ma mi perdo in continuazione. Ci sono così tanti dettagli che la curiosità vince sui numeri. È pieno di ragazze che fluttuano nel cielo con ali da farfalla: sono le ore. L'idea di dare un corpo a ogni ora del giorno è un modo per riempire il tempo di valore e riempire ogni nostra giornata di significato.

Nel giardino c'è un concerto, persone sdraiate sulle coperte ascoltano a occhi chiusi. Mi piacerebbe che lo ascoltasse anche la ragazza di medicina. È tutta una questione di tempo, di scegliere come usarlo, di dare valore a quello che desideriamo, di prendersi lo spazio per esistere.

XIX
La leggerezza

Eravamo usciti dalla chiesa, alla fine del funerale di una sua cara amica, e sulle scale mi aveva detto che, nella vita, le cose per gli altri si fanno perché ci si crede, perché si pensa sia giusto farle, non per aspettarsi riconoscenza o gratitudine. Sicuramente non per ottenere qualche cosa in cambio. Si fanno e basta. E hanno valore perché le hai fatte.

Sono passati diciotto anni da quel pomeriggio, ma le parole di Tonino me le ricordo alla perfezione, le ho risentite nei miei pensieri decine di volte di fronte all'ingratitudine, una delle cose che meno sopporto. Con il tempo, però, di quel discorso mi è rimasta in testa, più di tutte, l'ultima frase: «Le cose hanno valore perché le hai fatte». Se mi concentro, sento la potenza e il valore dei gesti gratuiti, quelli che stanno in piedi da soli perché nessuna logica di convenienza li svaluta.

Tonino non c'è più da nove anni, ma mi piace riconoscere dentro di me i segni del suo passaggio nella mia vita.

Tonino è stato il secondo marito di mia madre, insegnante elementare, poeta e pittore per passione (suo è il verso «Spingendo la notte più in là» che ha dato il titolo al mio primo libro) e padre di tre bambini, non suoi, per amore, a cui si è poi aggiunto Uber, il nostro quarto fratello.

In questi ultimi anni in cui ho cominciato a sentire forte la fatica di un tempo sempre dettato dall'urgenza, in cui ho iniziato a ripensare anche il mio di rapporto con il tempo, realizzando che non è infinito e che vale la pena scegliere ogni giorno, la voce di Tonino è tornata spesso dentro di me. È successo attraverso i ricordi.

Era un uomo strano: «un artista», si usava dire per giustificare certe sue originalità. Ma la sua originalità non era altro che coraggio, fame di vita.

Lo rivedo fermare la macchina nel Parco dell'Uccellina, in Maremma, e superare il cancello di una tenuta. Sembrava tutto deserto, si sentiva solo un cane abbaiare, mia madre ci disse di non scendere e di avere pazienza. Tonino aveva questa fissazione di cercare contadini e artigiani per scoprire cosa facessero. Tornò un quarto d'ora dopo, era già diventato amico del fattore e ci disse di scendere che saremmo andati a vedere le mucche e la cantina. Ricordo queste vacche color bianco sporco con delle lunghe corna con la punta nera. Rimanemmo lì un'infinità di tempo e alla fine fece spazio nel bagagliaio per una damigiana da 25 litri che aveva una grossa «N» dipinta con la vernice rossa. Tornammo per anni da quelle parti a prendere lo stesso vino aspro.

Lo vedo entrare nel bar sotto il suo studio, di fronte

al Parco di Trenno, e chiedere se può attaccare al muro una poesia. Il barista lo guarda come fosse matto, non si è mai parlato altro che di calcio davanti a quel bancone. Sento nell'aria un grande imbarazzo, il primo a provarlo sono io. Sulla strada verso casa abbiamo una piccola discussione e io gli dico: «Ma chi te lo fa fare di essere considerato strano, ma cosa vuoi che gliene freghi al bar della tua poesia. Dovresti capire che ogni cosa ha il suo posto, il posto giusto». Le mie parole non lo scalfiscono minimamente, continua imperterrito a portare le sue poesie al bar, anzi comincia a incorniciarle e ad appenderle sopra al tavolo su cui erano appoggiati «Gazzetta» e «Corriere». Ogni settimana cambia poesia e quadretto, e ripete il piccolo rito di leggerla ad alta voce prima di appenderla.

Alcuni mesi dopo la sua morte, la prima volta che sono tornato nel suo studio per cercare dei libri, sono passato dal bar a prendere un caffè. Sul muro c'era ancora l'ultima poesia che aveva lasciato. Il barista mi ha riconosciuto e mi ha detto: «Non sa quanto ci manca il maestro, la lettura delle sue poesie era diventata un rito per tutti, era un gioco entrare e leggere l'ultima che ci aveva lasciato. E con il tempo ognuno faceva il suo commento, anche gente che di poesie non ne aveva mai lette in vita sua». Ho cercato di trattenere la commozione, almeno davanti a lui, ma non ci sono riuscito.

Aveva passato la vita ad aprire nuovi spazi, ad accendere relazioni con gli sconosciuti, perché sentiva l'opportunità che si nasconde in ogni gesto imprevisto. Mi ha lasciato forte la sensazione che se non si fanno atti di fiducia e piccole scommesse, allora la vita si riduce a ciò che è programmato e si finisce per giocare in difesa. È negli interstizi della vita che accadono cose inattese, e arriva la grazia.

La pittura di Tonino era lentissima, ci metteva mesi per terminare un quadro, ma si dedicava a ogni dettaglio con infinita passione e dedizione. Una volta che gli avevo chiesto se non si annoiasse a passare settimane sullo stesso soggetto, mi aveva risposto molto netto: «La noia è in superficie. In superficie si prendono i pesci piccoli, per pescare quelli grandi bisogna andare in profondità. Ci vogliono tempo e pazienza».

Ne ho parlato tanto con Paolo Giordano, scrittore di cui amo i lunghi reportage. Prima di scrivere una sola riga, Paolo osserva e ascolta per giorni: «Bisogna lasciarsi attraversare dalle cose, assorbire quello che si vede, quello che si incontra per poi poterlo restituire». Solo così le parole acquistano significato, prendono peso, possono lasciare un segno.

Paolo di solito va nei posti, che spesso sono luoghi in cui è avvenuto qualcosa di tragico, dopo un po' di tempo, quando l'onda dell'urgenza è già passata. È allora che con pazienza si possono leggere i segni delle cose. E la forza sta nel cogliere i dettagli, non nel gridare ancora più forte, ma nel mostrare ciò che ha più senso. La forza sta anche nell'ammettere di non sapere qualcosa, nel dire con chiarezza che ci sono cose che non abbiamo capito, che hanno bisogno di tempo per essere comprese. Nell'era delle certezze, delle opinioni istantanee è prezioso coltivare dubbi e tenere la porta aperta a possibilità diverse.

Nella società del rumore ci abituiamo molto in fretta a tutto e dopo un po' le notizie ci scivolano addosso. Ma come possiamo far sì che ciò che accade ci riguardi ancora? «La nostra sensibilità» racconta Paolo «funziona in modi molto ingiusti, molto imprevedibili. C'è questo libro bellissimo di Svetlana Aleksievič su Černobyl', nel quale una delle parti più toccanti è quella in cui i soldati vanno casa per casa nella zona contaminata e uccidono tutti gli animali domestici, e tu non sai perché, ma quella traslazione dall'umano all'animale riesce a commuoverti di più. Far vivere le storie nel tempo vuol dire anche trovare qualcosa che può ancora toccarci dove ormai abbiamo raggiunto la saturazione emotiva e scuoterci.»

Ogni mattina, quando veniva a svegliarci, Tonino si inventava una storia divertente. Alzava la tapparella e fingeva stupore per qualcosa che dovevamo assolutamente vedere anche se non esisteva: un giorno era una nevicata record, anche se era giugno, un altro era il passaggio di un elefante, erano due bambini in costume che giocavano in una piscina gonfiabile in mezzo alla strada, era la fioritura del ciliegio del cortile a dicembre. Era tutto inventato e noi ridevamo, anche se avevamo ancora gli occhi chiusi. Qualche volta, forse un paio in tanti anni, quello che diceva risultò essere vero. Accadde con una nevicata in primavera che mi lasciò la preziosa sensazione di poter credere a tutto ciò che raccontava, che non c'era niente da perdere a iniziare la giornata con un po' di immaginazione.

E quella sua leggerezza, quella capacità di scherzare e appassionarsi a ogni cosa, di continuare a aderire alla vita in ogni istante, di leggere, chiedere e voler imparare qualcosa di nuovo ogni giorno persino quando era ormai molto malato, resta la lezione più grande. È il modo in cui, anche quando tutto intorno era grigio e cupo, sono riuscito ad arginare le ansie, a rimetterle al loro posto e a tenere vivi i colori.

Anche questo libro è stato un dialogo continuo con Silvia Nucini, la mia compagna, che legge, commenta e discute con passione ogni pagina che scrivo. Sono grato alle sue stroncature e all'amore che mette nelle mie cose.

FSC
www.fsc.org
MISTO
Carta | A sostegno della gestione forestale responsabile
FSC® C115118

Mondadori Libri S.p.A.

Questo volume è stato stampato
su carta HOLMEN
con fibra vergine proveniente da foreste sostenibili holmen.com/paper
presso ELCOGRAF S.p.A.
Stabilimento - Cles (TN)

Stampato in Italia - Printed in Italy